КАР'ЄРА БЕЗ ДРАМ І ТРАВМ

Розвиток
за *власними*
правилами

Коли ти закінчуєш виш, перед тобою відкривається «море» можливостей. І в цьому «морі» не завжди легко знайти саме свій шлях та до того ж не втратити себе. Ця книжка — ваша ідеальна підказка, як рухатись в цьому «морі», на які можливості зважати і як працювати з «вітрами» та «хвилями» на свою користь: які якості в собі виховувати, на які таланти зважати, на які навички звертати увагу.

Анна сама перейшла це «море» в пошуках свого професійного покликання і наразі займається кар'єрним порталом Happy Monday. Вона бачила багато варіантів розвитку професійних шляхів, вибори, які робили люди, і до яких результатів вони приводили. Багато з тих порад і висновків, про які пишуть Аня і Настя, я вже дійшла завдяки своєму 25-річному досвіду роботи в корпораціях, але як же мені було б легше, якби я усвідомлювала все це на початку кар'єри!

Якщо ви не впевнені, чи тим шляхом ідете, якщо опинилися у глухому кар'єрному куті, якщо не знаєте, що робити далі, — ця книжка для вас. Вона не дасть готових рецептів, але подарує ідеї та натхнення. Ну і трохи змінить традиційні погляди на побудову кар'єри, власний розвиток і, наприклад, мотивацію: «Це наша відповідальність — стежити, щоб машина могла їхати далі. А мотивація — це наше з вами пальне для руху вперед. То чому нею має опікуватись хтось інший?».

Тетяна Лукинюк,
директорка з розвитку масового сегмента «Київстар»,
співавторка книжки «Як хотіти й отримати все (але це неточно)»

Я пам'ятаю своє перше консультування з профорієнтації в школі. Ми пройшли якісь тести, після чого нам сказали: «Ось ти краще працюєш з людьми, ти — із цифрами, а ти — з машинами». Все. Що таке «кар'єрний шлях», ми ще не знали. Професія на все життя була мрією, а не кайданами, а допомагати в розвитку кар'єри ніхто й не збирався. Втім, світ швидко змінюється. Аня і Настя розповідають про вміння приймати кар'єрні рішення через сучасні круті історії людей, що будують власний шлях у житті. Мені в очі кинулась дуже влучна фраза: «Якщо ви не знаєте, де ви і чого прагнете, то інші постійно вирішуватимуть, що вам робити, скільки отримувати, які рішення приймати». Кар'єра — відображення вас. Але за розвиток і розбудову власної кар'єри варто братись, попрацювавши або хоча б порадившись з експертками, що написали цю цікаву та корисну книжку. А після цього ви забажаєте ще й побудувати особистий бренд, щоб розвиватися й отримувати задоволення від своєї роботи! Гарного вам читання!

Олександр Сударкін,
директор програми MBA
бізнес-школи МІМ,
бізнес-тренер,
executive coach

Анна Мазур, Настя Пасенко

Кар'єра без драм і травм

Розвиток за *власними* правилами

віхола

Київ • 2021

УДК 005.966(02.062)

М13

Мазур Анна, Пасенко Настя

М13 Кар'єра без драм і травм. Розвиток за власними правилами / Анна Мазур, Настя Пасенко. — К. : Віхола, 2021. — 256 с. — (Серія «Життя»).

ISBN 978-617-7960-33-0

Мабуть, хоч раз у житті ми всі ставили собі питання: «Як збудувати кар'єру?». Утім, готової відповіді на нього немає. У кожного свій шлях: хтось може працювати на одному місці все життя, а хтось — перебувати в постійному пошуку роботи мрії. Це зовсім не означає, що так правильно, а так — ні. Чи знаєте ви, приміром, що кар'єра може бути не лише вертикальною, а й горизонтальною, діагональною, зигзагоподібною і навіть через слеш або у формі різних літер? Може бути корпоративною або креативною, у проєктному і віддаленому форматі. Одне слово — будь-якою! І в кожному разі — абсолютно повноцінною. У цій книжці авторки говорять про те, як розібратися в собі, і не лише наводять інструменти для кар'єрного розвитку, дають поради, які дозволять почуватися щасливішими в роботі, а й діляться історіями людей, які своїм прикладом показують, що наша кар'єра в наших руках.

УДК 005.966(02.062)

ISBN 978-617-7960-33-0

Зміст

Передмова

Якщо ви тримаєте в руках цю книжку, це означає, що у вас накопичилося кількадесят питань про те, як будувати кар'єру, та кількадесят відповідей, які, найімовірніше, суперечать одна одній.

- Працювати на одному місці довше ніж три роки — погано, бо так ви не розвиваєтесь. Менше — теж кепсько, бо відтак ви ненадійний і легковажний джоб-джампер*.
- Без профільної освіти роботу не отримати. Ні, це без досвіду не отримати. Чи без знайомств? Словом, отримати роботу дуже важко.
- У майбутньому ваша професія зникне, тому змініть її негайно. Хоча у вас усе одно не вийде, адже змінити професію в дорослому віці — нереально.

---

* Джоб-джампер (з англ. job-jumper — стрибун по роботах) — людина, яка неодноразово змінювала місце роботи за короткий проміжок часу. Інші назви: джоб-хоппер (job-hopper), джампер, хопер чи летун.

- Кар'єра має бути висхідною — від найменшої посади до найвищої, інакше ви неуспішні. Окей, бумер, але взагалі вертикальна кар'єра — це минуле сторіччя й «совок».
- Якщо ви жінка, то обов'язково маєте встигати і будувати кар'єру, і виховувати дитину. Хоча якщо ви з дитиною будуєте кар'єру — ви або погано виховуєте дитину, або погано робите кар'єру.
- Що більше додаткових компетенцій і досвіду ви маєте — то ви затребуваніші на ринку праці. Поки комусь не спаде на думку, що ваше різноманіття навичок — результат вашої невизначеності в житті.
- Побудова кар'єри — тривалий і виснажливий шлях. Ой, дивіться, хтось став CEO у 20 років? Ну точно.

Якщо ви хочете відсіяти кукіль від пшениці, сформувати власне бачення кар'єри і стати на шлях максимальної самореалізації — ви тримаєте цю книжку в руках недарма, бо саме для цього я її й написала. Я — Аня Мазур, засновниця й керівниця кар'єрного порталу Happy Monday, а допомагає мені моя співавторка Настя Пасенко, редакторка цього ж порталу. Приємно познайомитись!

Ця книжка з'явилась у відповідь на перенасичення нашого інформаційного поля стереотипними уявленнями про кар'єру та «правильними» вказівками, як її будувати. Намагання будь-що їм відповідати коштують людям величезної кількості нервових клітин і дарма згаяного часу.

А от чого я зовсім не бачу в інформаційному полі — це дозволу людям чинити у професійному житті так, як вони вважають за потрібне і як для них краще. Бо насправді в тому, як будувати кар'єру, немає ані правильних відповідей, ані готових рецептів.

Напрошується питання: «То нащо ж тоді, Аню, ти написала цю книжку?». Йой!

Я не буду навчати, ЯК ТРЕБА. Я розповім, ЯК МОЖНА. У цій книжці не буде відповідей, ким вам бути чи як отримати роботу. Але я покажу, як шукати себе, яку кар'єру можна збудувати, як рухати її вперед та отримувати від цього задоволення.

Своє завдання я бачу в тому, аби бодай трохи розширити ваш професійний горизонт, якщо батьки, школа, університет чи суспільство його звузили. Хочу, щоб ми з вами зійшли з уторованої стежки й подивилися, як можна реалізувати свої кар'єрні прагнення без огляду на обмеження й стереотипи. А саме:

- обирати професію за покликом серця, замість мати справу з тим, на що навчалися чи де була відкрита вакансія;
- будувати кар'єру в тому напрямку, який підходить вам найкраще, навіть якщо здається, що ви стоїте на місці;
- рухати кар'єру вперед власними силами, а не чекати склавши руки на підвищення й визнання;
- навчатися мотивувати й підтримувати себе замість очікувати цього від інших.

Якщо ви винесете з книжки лише одну-єдину думку, я хотіла би, щоб вона була така: ніхто, крім вас, не знає, як вам будувати кар'єру. Тому в цій книжці ви не знайдете покрокових інструкцій. Натомість здобудете набір принципів і підходів, які допоможуть узяти на себе відповідальність за свою кар'єру, щоб у будь-який момент свідомо вибирати ідеальний для себе варіант.

ПРО ЩО КОНКРЕТНО ВИ ДІЗНАЄТЕСЬ:

- якими головними принципами керуватись у розвитку кар'єри; чи існує така штука, як покликання, і чи варто його шукати;
- як розібратися в собі й обрати діяльність, що даруватиме задоволення;
- якою може бути ваша кар'єра за напрямами розвитку, типами організацій та форматами роботи;
- які інструменти може використовувати будь-який фахівець, аби пришвидшити свій кар'єрний розвиток;
- скільки відсотків задоволення ми маємо отримувати від роботи, щоб бути щасливими;
- чому краще не зациклюватись на ворк-лайф балансі;
- як підтримувати себе й будувати кар'єру в кайф.

Крім принципів, інструментів, класифікацій і роздумів, я хочу поділитися з вами історіями. Бо, як казав Тіріон Ланістер з «Гри престолів»: «У світі немає нічого сильнішого за хорошу історію». Готуючи цю книжку, ми з Настею поговорили з людьми, чия кар'єра нас надихає і слугує прикладом нової реальності на ринку праці. На цих сторінках ви зустрінете піарницю, яка вважає, що змінити професію чи спеціалізацію бодай раз у житті варто кожному. Лікарку, яка стала тату-майстринею. Креативного директора, який відкрив власний бізнес, але свідомо повернувся назад у найм. Диригентку, яка в 34 роки стала програмісткою. Керівницю, яка відмовилась від посади генеральної директорки в компанії, де пропрацювала 13 років. Науковицю, яка за свою кар'єру спробувала себе ледь не в усіх можливих форматах роботи. Пенсіонера, який у 64 роки знайшов роботу в IT-компанії. Їхні історії не пов'язані з конкретними розділами — вони радше загалом ілюструють кар'єрні принципи та підходи, які я поділяю і якими хочу поділитися з вами. Ці неймовірні люди на власному прикладі покажуть вам, якою може бути кар'єра сьогодні: будь-якою.

Почну з власної історії, щоб продемонструвати, що моя експертиза спирається не тільки на величезну кількість кейсів із практики, а насамперед — на власний кар'єрний досвід.

Історія № 1

> Не реалізувати себе завжди здавалося мені найстрашнішим варіантом розвитку подій. Тому перш ніж мені виповнилося 30 років, я змінила щонайменше з десяток професій. Попрацювала в науковому інституті, громадській організації, міжнародній корпорації, стартапі, консалтингу і навіть у філармонії. Кожне місце роботи ставало частиною великого пазлу, допомагало краще зрозуміти себе і свої цілі та, зрештою, стало відправною точкою для написання цієї книжки.

Анна Мазур

У школі я навчалася на «відмінно» і брала участь в олімпіадах. Учителі казали, що є учні, які добре рахують, які добре пишуть або говорять, а є я, яка добре робить усе. Профорієнтаційні тести підтверджували, що я на 50 % гуманітарій, на 50 % технар, тож можу вибирати, що хочу. З одного боку, це відкривало переді мною більше можливостей, а з іншого — неабияк ускладнювало мій вибір.

Я все чекала, що ось-ось прозрію, раз і назавжди чітко визначу, яким шляхом маю рухатись, і йтиму ним до кінця життя. Не прозріла й досі. Натомість вирішила не чекати на готові відповіді, а реалізовувати себе якнайповніше в кожен момент життя. І оскільки в кожній книжці із саморозвитку має бути цитата Стіва Джобса, яка вплинула на світобачення автора (хіба не так?), буде вона і в мене: «Єдиний спосіб робити великі справи — любити те, що ви робите. Якщо ви ще не знайшли своєї справи, шукайте. Не зупиняйтеся» (The only way to do great work is to love what you do. If you haven't found it yet, keep looking. Don't settle)*. Ця думка, а ще страх пустити свій потенціал на пси відтоді штовхають мене вперед.

Навчалася я в Одеському національному економічному університеті на міжнародного економіста. Англійську знала добре зі школи, економікою цікавилась, тож вибір був ніби й логічний, утім фінально на моє рішення вплинуло оточення — родичі та вчителі, які переконували, що за економістами майбутнє і що економічна освіта завжди стане у пригоді. Майбутню професію я уявляла дуже невиразно: малювала себе менеджеркою міжнародної компанії, яка ходить на шпильках, літає у відрядження за кордон і підписує дуже важливі багатомільйонні угоди.

Десь на третьому курсі я дізналася, що на ринку моя професія має назву «менеджер ЗЕД**» і займається він чимось на кшталт того, що контролює, аби закуплене в Китаї взуття без проблем доставили в Україну. Тоді ж, під час першої практики, я зрозуміла: між тим, чого навчають в університеті, і тим, чого вимагає ринок, — величезна прірва. Я розчарувалась в обраній спеціальності, в освіті загалом — і після закінчення бакалаврату покинула навчання.

Якщо зараз це сприймається нормально, то в мій час (повірте, я знаю, як воно звучить) це було все одно, що пробігтися голяка по Дерибасівській. Мене ніхто не розумів, дідусь узагалі перестав зі мною розмовляти. А я просто знала, що не витримаю ще рік, хоч усім і здається, що повинна.

Нас постійно намагаються втиснути в жорсткі рамки, але вища освіта, здається, б'є всі рекорди: вступити — повинен,

* Ці слова Стів Джобс виголосив перед випускниками Стенфордського університету 12 червня 2005 року.

** ЗЕД — абревіатура на позначення зовнішньоекономічної діяльності.

закінчити — повинен, обрати професію на все життя в 17 років — повинен. Але насправді ми нікому нічого не винні. Тільки собі — бути щасливими й робити те, що подобається.

Система, яка змушує навчатися 4–5 років, поки все, що вивчаєш, сто разів змінилося, — максимально не гнучка і не відповідає реаліям сучасного VUCA*-світу, в якому ти попереду, тільки якщо навчаєшся, змінюєшся й експериментуєш усе життя.

Особисто я знайшла вихід у тому, щоб перемкнутися з навчання на здобуття практичних навичок. Мені близька думка Олени Рєзанової** про те, що «не ступивши у воду, плавати не навчишся». Іти за своїми інтересами, отримувати будь-який досвід, а вже потім вирішувати, куди це приведе, — гідний протест проти системи, як на мене.

Я почала працювати на другому курсі. Перша робота — художниця з оформлення афіш в Одеській обласній філармонії. Я ще у школі захоплювалась фотографією і опанувала графічні редактори, які, втім, у філармонії не було куди встановити, бо навіть наказ про прийом на роботу друкували на машинці. До речі, саме тут я пропрацювала найдовше за всю свою кар'єру (без урахування власного бізнесу) — 3 роки.

За час навчання в університеті я також встигла трохи попрацювати молодшою науковою співробітницею Інституту проблем ринку та економіко-екологічних досліджень НАН України. Цього вистачило, щоб зрозуміти, що наукова сфера максимально далека від мене й реальності. Але ж не спробуєш — не дізнаєшся.

---

* Акронім англійських слів volatility (нестабільність), uncertainty (невизначеність), complexity (складність) та ambiguity (неоднозначність).

** Кар'єрна консультантка, авторка книжки «Ніколи-небудь. Як вийти з безвиході й віднайти себе».

Велику роль у моїй кар'єрі відіграло членство, а згодом і робота в міжнародній студентській організації AIESEC. Я приєдналася до неї як волонтерка на третьому курсі, а пішла аж через 5 років — з посади національної менеджерки проєктів та вхідних стажувань, організувавши 8 усеукраїнських проєктів у 18 містах. Я прийшла в організацію, щоб постажуватися та попрактикувати англійську, а в підсумку здобула навички й досвід, що стали основою всієї моєї кар'єри.

За час в AIESEC я побувала проєктною та івент-менеджеркою, керувала роботою зі стажерами і міжнародними проєктами. Замість п'ятого курсу в університеті я очолювала одеський комітет організації. Поки всі мої знайомі або ще навчались, або вже працювали, я волонтерила (в очах інших — займалася незрозуміло чим). І знаєте що? У 21 рік — це нормально. Це краще, ніж бути геть відірваним від ринку і не мати жодних практичних навичок.

Серед партнерів AIESEC багато крутих міжнародних компаній. І шанс отримати від них пропозицію роботи зростає, якщо ти працюєш не в локальному, а в національному комітеті (де до того ж іще й платили зарплату, супер!). Тож я залишилася в організації ще на рік, переїхала до Києва на посаду національної менеджерки і, зрештою, отримала оффер від міжнародної корпорації.

Ніколи ще моя мрія про посаду менеджерки, шпильки, відрядження й мільйонні контракти не була такою близькою до втілення. Але щойно туди потрапивши, я зрозуміла, що корпоративна кар'єра — це не моє. З точки зору культури, умов роботи та ставлення до працівників — це була справді чудова компанія з купою плюсів і можливостей для розвитку. Але разом із тим я відчувала себе просто ґвинтиком великого механізму.

Я звикла проявляти ініціативу, розв'язувати питання й одразу ж упроваджувати покращення. У великому механізмі все працює інакше: ти придумав, хтось вирішив, ще хтось затвердив, потім хтось впровадив, і комусь іще треба все це контролювати. Я зрозуміла, що не можу працювати там, де не бачу результатів своєї роботи.

Моя ідеальна картинка виявилась неідеальною і не моєю. Звільнення змусило мене вперше по-справжньому замислитись, а що ж тоді «моє». Щоб сформулювати це, мені знадобилися два роки, депресія, купа профорієнтаційних тестів, сайтів і технік для пізнання себе. Зрештою, я дійшла висновку, що «моє» досить специфічне: я найбільш ефективна або коли потрібно видибати з повної дупи, або коли геть нічого немає, а треба на завтра. І все, що я робила, так чи інакше відповідало цій канві — я розв'язувала проблеми й налагоджувала процеси.

У пошуках місця для найповнішої реалізації себе я змінила ще кілька робіт: була менеджеркою освітніх програм, ейчаркою (і не раз), працювала в консалтингу, пробувала себе в маркетингу, організовувала освітні івенти, ще раз подалася в громадську організацію та навіть поїхала в Баку на позицію Business Development Manager* діджитал-агенції. З цього кар'єрного серпантину я винесла купу досвіду, зокрема й готовність зробити щось своє — аби перевірити, чи зможу я сама реалізувати все те, що хочу бачити в інших компаніях.

Тема кар'єри, пошуку себе й роботи вряди-годи спливала протягом усіх моїх робіт. Починаючи з профорієнтаційного проєкту в AIESEC і завершуючи першою кар'єрною конференцією ProForum, яку я організувала в Одесі у 2015 році.

Моє захоплення цією темою вилилось у своєрідний pet project**, де ми з друзями писали про кар'єрні можливості

---

* Менеджер з розвитку бізнесу.

** Індивідуальний або груповий проєкт поза основною діяльністю, який створюється з особливою старанністю.

та брали інтерв'ю у професіоналів своєї справи. А коли я відчула, що готова до підприємництва, то вирішила дати цьому проєкту шанс стати бізнесом. Так з'явився кар'єрний портал Happy Monday — спочатку з вакансіями і тестом на профорієнтацію, а згодом з іншими можливостями, повноцінним медіа та спільнотою фанатів понеділків. Окрім цього, я викладаю в бізнес-школі, консультую та виступаю на тему кар'єри й пошуку роботи.

Мій кар'єрний шлях зовсім не означає, що сьогодні не можна влаштуватися на роботу після університету і пропрацювати там усе життя. У мене є подруга, яка вже шість років працює в одній компанії, і минулого року я мала з нею предивну розмову. Вона повідомила, що збирається звільнятись, а на мої розпитування зізналась, що загалом її влаштовує і робота, і зарплата, і колектив, але ж усі постійно щось змінюють, і лише вона сидить, як пеньок, на одному місці. Перш ніж опустити завісу над цим діалогом, зазначу: якщо вас усе влаштовує, не варто змінювати щось просто тому, що так роблять усі.

Утім, приклад моєї кар'єри точно свідчить про те, що сьогодні наші можливості набагато ширші, ніж ми собі уявляємо. Навіть зараз, почуваючись на своєму місці, я переконана, що зупинятися зарано. Займатимуся Happy Monday, поки бачитиму в ньому виклик для себе, а в собі — користь для компанії. А потім — хтозна. Почну новий бізнес, зміню професію, фрилансити му на березі моря чи повернусь у найм. І жоден із цих варіантів не змусить мене соромитися свого вибору.

Вступ

Чому кар'єра сьогодні — зовсім не те, що кар'єра вчора

На противагу мені, моя мама все своє професійне життя пропрацювала на одному місці — в Одеському морському порту: в 17 років влаштувалася туди кур'єркою, а у 66 звільнилася з посади заступниці начальника валютного відділу.

Саме так звикли сприймати кар'єру люди старшого покоління: як вертикальне зростання в посадах і прибутках у своїй професійній сфері, найчастіше ще й у межах однієї організації. Свій відбиток на це сприйняття наклали й особливості Радянського Союзу, де кар'єрний розвиток регламентувався не так самою людиною, як потребами планової економіки й розпорядженнями згори. Важко усвідомлено керувати своєю кар'єрою, коли все вирішують за тебе.

Тому нам буває так складно розмовляти з батьками, дідусями й бабусями про роботу й реагувати на щось типу:

- «Як звільнилася?! Ти ж лише кілька років пропрацювала»;
- «Щось довго тебе не підвищують, я от щороку новий розряд отримував»;

- «За моїх часів не заведено було між роботами стрибати»;
- «Керівництво знає, що робить, а ти краще не висовуйся»;
- «Що значить "не подобається"? Тобі робота потрібна чи розваги?».

Але ми живемо в об'єктивно новій реальності, де традиційна кар'єра перестає бути традиційною. Понад третину [1] глобального ринку праці сьогодні складають міленіали (люди, народжені в період з 1982 по 1996 рік), і в найближчі роки їх кількість буде лише зростати. Їхнє (власне, НАШЕ — адже я так само міленіалка) ставлення до життя й роботи геть інакше.

Ми зростали, поки світ, яким його знали наші батьки, розвалювався. Кожні кілька років технології трансформували наші звички й уявлення. Швидкість змін у нашому житті в десятки разів вища, ніж у наших батьків. Ми знаємо, що немає нічого стабільного. Відповідно і зміни в роботі теж сприймаємо як норму.

Міленіали змінюють роботу частіше, ніж будь-яке старше покоління [2]. Дві третини міленіалів вважають, що оптимальний період роботи на одній посаді становить 2 роки, а кожен четвертий — що менше року [3]. Приблизно 81 % міленіалів, які мають роботу, відкриті до нових пропозицій або активно шукають нову [4]. І кожен четвертий припускає, що за свою кар'єру змінить мінімум шістьох роботодавців [5]. Що вже казати про прийдешні покоління: футурист Рохіт Талвар прогнозує, що сучасні діти за своє життя змінять до 40 робіт у 10 різних кар'єрних напрямах [6].

Зміні кар'єрної парадигми сприяє навіть те, що ми живемо довше за попередників. Якщо очікувана тривалість життя в Україні в 1960-му становила від 65 до 70 років, то у 2020-му вона становить уже від 70 до 75 років [7]. А якщо ми живемо довше, то й працюємо довше: 12 % міленіалів, наприклад, збираються працювати до кінця життя [8]. Пов'язати стільки працездатних років з однією компанією чи навіть професією видається все менш реальним.

П'ятірка причин, які штовхають міленіалів на кар'єрні зміни [9]:

1. незадовільна фінансова винагорода;
2. відсутність перспективи кар'єрного зростання;
3. брак можливостей для розвитку й навчання;
4. відчуття, що їх не цінують;
5. незадовільний ворк-лайф баланс.

Отже, робота — це вже не просто спосіб заробляти гроші. Не менш важливо, як вона допомагає реалізувати наш потенціал і наскільки органічно вписується в наше життя.

ЗМІНЮЄМОСЯ НЕ ЛИШЕ МИ, А Й СВІТ ДОВКОЛА

Адаптуючись до мінливих умов сьогодення, компанії змінюють свої підходи до роботи, стають гнучкішими й відкритішими. Тривалу й постійну співпрацю між роботодавцем та працівником витісняють нові моделі співробітництва: короткі контракти, проєктна робота, аутсорс, консалтинг, неповна зайнятість, фриланс. Усе популярнішою стає віддалена робота. 84 % міленіалів приваблюють нові формати роботи замість традиційної зайнятості фул-тайм [10]. Отже, працювати в офісі з 9-ї до 18-ї — лише один з варіантів, а не невідворотна реальність.

Стираються фізичні й інтелектуальні кордони. Ми більше не обмежені ринком праці своєї країни і тому стаємо мобільнішими. Можемо дистанційно працювати на компанію в іншому часовому поясі, переїхати за кордон або співпрацювати одразу з кількома клієнтами з усього світу замість триматися за одного роботодавця.

Стрімкий розвиток технологій приводить до появи нових професій. Виникають соцмережі — з'являється SMM як діяльність. Минає ще кілька років — і ось ви з SMM-ника стаєте таргетологом чи директ-менеджером. Згідно з дослідженням McKinsey Global Institute, 8–9 % затребуваних професій на ринку праці 2030 року ще навіть не існують[11].

Автоматизація кардинально змінює ринок праці. Якщо зараз машини виконують приблизно третину всієї роботи, то за прогнозами до 2025 року вони виконуватимуть половину[12]. Тож так, ро́боти дійсно відбирають у нас робо́ту, але тільки найбільш рутинну й низькооплачувану. Натомість вони створюють нові робочі місця, де затребуваними будуть такі вкрай «людські» навички, як креативність, прийняття рішень, комунікативність, уміння аналізувати та взаємодіяти. Передбачається, що до 2025 року через автоматизацію зникнуть 85 мільйонів робочих місць і з'являться 97 мільйонів нових ролей, що враховуватимуть новий розподіл роботи між людьми, машинами й алгоритмами[13].

ЯКІ ПРАВИЛА ВИЖИВАННЯ В ЦІЙ КАР'ЄРНІЙ РЕАЛЬНОСТІ?

Умови, в яких ми живемо й працюємо, зробили можливими будь-які варіанти побудови кар'єри. У наші часи постійних змін більше немає загальноприйнятих рецептів успіху, догм і правил. Утім, усе ж є три кити, на яких, на мою думку, тримається кожна успішна кар'єра в цій новій реальності.

Постійне навчання. Я знаю, що про безперервне навчання (lifelong learning) вам не розповідала хіба що ваша бабуся (хоча стривайте, а як же «Вік живи — вік учись»?). Хай це й набило оскому, але саме зараз бути готовим перепрофілюватися, змінюватися, вивчати нове впродовж усього життя — ну просто критично важливо. Сьогодні за 3 роки в одній професії з'являється так багато всього, що не стежити за цим означає не розвиватися взагалі й обмежувати свої кар'єрні можливості. 93 % міленіалів убачають постійний розвиток своїх навичок необхідною складовою побудови кар'єри, готові самостійно платити за власне навчання і приділяти йому вільний від роботи час[14]. Це круто й правильно.

Пристрасть до роботи. Пам'ятаю, одна вчителька у школі казала мені, що роботу потрібно робити, а не любити. На жаль, людей, які вважатимуть за потрібне вам так сказати, й досі чимало, через що ми маємо ось яку проблему: 87 % людей не цікавить їхня робота[15]. Не подобається, не дарує задоволення, не викликає взагалі жодних відчуттів. Ніби її виконує не людина, а робот. Але погана новина, що роботів вистачає й без нас, а в майбутньому їх буде ще більше. І що нас вирізняє — це якраз пристрасть до того, що ми робимо, непідробний інтерес і реальна залученість. Тож викиньте з голови стереотип, що обирати потрібно головою, а не серцем. Тільки якщо ваша робота надихатиме вас, ви рухатиметеся вперед. І саме таким професіоналам завжди знайдеться місце у світі майбутнього[16].

Індивідуальна відповідальність і кар'єрний менеджмент. Насправді, всі речі, про які я згадую, — не якісь геніальні одкровення. Про це ніби всі говорять, усі знають, це всі розуміють. І незважаючи на це, я досі зустрічаю багато людей, зокрема й молодих (бо справа ж не у віці), які живуть, ніби не помічаючи цієї нової реальності. Вони обирають ту професію, яку порадили батьки, — їм видніше. Влаштовуються на першу-ліпшу роботу — бо хоч кудись узяли. Роками чекають на підвищення і скаржаться, що керівництво їх не помічає. Механізм, який керує їхньою кар'єрою, завжди перебуває десь там — на кафедрі університету, у кабінеті керівника, на державному рівні. Але так більше не працює. Ви — той механізм. І щойно ви це зрозумієте і візьмете відповідальність за розвиток кар'єри на себе, то матимете реальний шанс щось змінити. Від «роблю, як скажуть» до «роблю, як вважаю за потрібне»; від «незручно, але терпітиму» до «зміню на комфортніші умови». Від «чекаю» до «дію».

Частина перша

5 принципів розвитку кар'єри

РОЗДІЛ

1

Обирайте не професію, а спосіб життя

У суспільстві, де з шести років запитують, ким ви хочете стати, це прозвучить, можливо, як знущання, але менше з тим: забудьте про професії.

Одна й та сама професія в різних індустріях чи навіть компаніях виглядає геть по-іншому. Сьогодні вирішити: «Я буду дизайнером» — те саме, що сказати офіціанту: «Принесіть мені, будь ласка, вечерю». Бо дизайнер може створювати інсталяції, розробляти логотипи, робити презентації, «малювати» сайти чи моделювати одяг.

Важлива не назва вашої професії, а те, який спосіб життя ви хочете вести, які технології використовувати, як має виглядати ваш ідеальний робочий день, де і з ким вам комфортно буде працювати.

Візьмімо, приміром, професію ейчара. Ніби все зрозуміло: подобається працювати з людьми — йди в ейчари (причиново-наслідковий зв'язок сумнівний, але для прикладу згодиться). Втім, робота ейчара в холдингу з 3 тисяч працівників — це складні системи кадрового обліку, документообігу, аналітики й значно рідше — робота з людьми. А от ейчар у стартапі на 10 осіб проводить індивідуальні бесіди, бачить кар'єрну траєкторію кожного співробітника, працює над його мотивацією і розвитком. Позиції називаються однаково, але робочий день відрізняється на 180°.

Саша 10 років працювала в редакції жіночого друкованого видання, зокрема й головною редакторкою. Вона отримувала задоволення від спілкування з авторами й затвердження обкладинок, від можливості крок за кроком складати номер. Журнал виходив раз на місяць, і Саша обожнювала цей момент — тримати в руках щойно надрукований результат своєї роботи. Усе було чудово, поки…

Якось Саша вирішила, що засиділася на одному місці, звільнилася і влаштувалася на роботу в онлайн-видання. Та сама посада — головна редакторка. Схожа тема — лайфстайл і саморозвиток. Але решта відрізнялася кардинально. Статті мали виходити щодня, потрібно було відстежувати перегляди кожної, часто доводилося вносити зміни в уже опубліковані матеріали. І все це — в режимі «все горить і я палаю», без можливості зупинитися і побачити комплексний результат своєї роботи. Саша нічого не встигала, почала сумніватися у своїй компетентності як редакторки і навіть думала змінити професію. Усе склалося б інакше, якби під час вибору місця роботи вона орієнтувалася не на посаду, а на те, що конкретно їй хотілося б робити, в яких умовах та з якою командою. Зрештою, Саші знадобився рік, аби зрозуміти, що справа не у професії.

До того ж, коли ви мислите конкретними назвами, на ваш радар можуть не потрапити професії, що з'являються на ринку просто зараз, чи варіанти діяльності, які ще навіть не сформувалися в окрему професію, але можуть задовольнити ваші потреби.

Уявімо, що ви не проти організовувати події, але не хочете щоразу мати справу з новою аудиторією, перейматися через продаж квитків чи розважати людей на корпоративах. Ви робите висновок, що професія івент-менеджера не для вас. Але ж постривайте — можна організовувати події для закритої спільноти, об'єднувати й розвивати її учасників і при цьому не бути залученим у продаж. От тільки ви ризикуєте про це навіть не дізнатись, бо на таку роботу шукають або івент-менеджера (а ви вже поставили на цій професії хрест), або ком'юніті-менеджера (про якого ви взагалі вперше чуєте).

Тому відштовхуйтесь не від назв, а від того, якими процесами, людьми та історіями ви хочете наповнити свій робочий день. І будьте готові до нових форматів, позицій і напрямів.

РОЗДІЛ

2

Не плануйте далі ніж на 2–5 років

Нафталінова класика співбесід — питання «Ким ви бачите себе за 5 років?» — і родичі з постійним «Ну і що ти думаєш робити далі?» вбили нам у голову, що якщо в нас не розплановано решту життя, це означає, що ми несерйозні, ненадійні, ще й без амбіцій.

Двадцять років тому для створення сайтів активно використовували технологію flash, що дозволяла робити їх суперкрасивими, анімованими й з різними ефектами. Антон умів робити реально круті сайти, заробляв на цьому купу грошей і почувався на гребені хвилі. Він вважав, що за цією технологією — майбутнє, й збирався непогано в ньому влаштуватися: створити власний магазин шаблонів flash-сайтів і вийти з ним на міжнародний рівень. Ця ідея поглинула його настільки, що він і не помітив, як почали з'являтися нові технології, які відсунули flash на задвірки. Він не переглядав своїх планів і не звіряв їх з реальністю, через що проґавив момент, коли потрібно було терміново змінювати спеціалізацію. Flash сконав, і сайти, розроблені на ньому, припинили працювати. Кілька Антонових друзів, оцінивши перспективи мобільної розробки, першими заскочили в цей вагон і вже заробляли чималі статки, поки Антон, не перевчившись вчасно, утратив частину доходу й змушений був починати все з нуля.

Світ змінюється так швидко, що краще рухатися короткими відрізками й тримати руку на пульсі, ніж наполегливо прагнути того, чого за 10 років може взагалі не існувати.

Можливо, раніше планова економіка дозволяла бачити на п'ятирічку вперед, але сьогоднішні реалії — зовсім інші. Постійне збільшення обсягів інформації вже отримало назву інформаційного вибуху. Це стрімке накопичення даних зростає мінімум на 30 % щороку [17]. Світ змінюється так швидко, що намагатися передбачити, яким він буде за п'ять років і де в ньому будете ви, — просто утопія.

Хоч би як нам хотілося одноосібно керувати своїм життям, потрібно визнати, що зовнішні фактори неабияк впливають на наш розвиток. Бо якщо сьогодні поставити собі мету з нуля відкрити власну бухгалтерську компанію в найближчі 10 років і тримати в голові лише цей план, можна не помітити, як за кілька років бухгалтерів замінять комп'ютерні програми.

Тож дозвольте собі з легким серцем не зазирати далі ніж на 2–5 років. Стартуємо від двох, щоб усе-таки розуміти, куди ви рухаєтесь і чого прагнете. Я, звісно, веду мову про кар'єрні плани, але ви цілком можете масштабувати цей принцип на будь-яку царину життя.

Хоча й тут є варіанти. Якщо ви намріяли собі стати всесвітньовідомим актором і переконані, що не звернете із цього шляху — можете планувати номінацію на «Оскар» хоч на 20 років уперед. Але якщо ви не маєте чіткого розуміння, яка сфера ваша, і хотіли б спробувати різні можливості, достатньо визначити свій вектор розвитку (навіть не скласти конкретний план, зауважте) на найближчі два роки. Бачити своє життя такими відносно короткими відрізками — цілком нормально.

РОЗДІЛ 3

Якщо не знаєте, що робити, — робіть те, що допоможе дізнатися

У книжці «Як ви збудуєте своє життя?» (яку я, до речі, дуже рекомендую прочитати) автори Клейтон Крістенсен, Джеймс Олворт і Карен Діллон розглядають дві стратегії, що дуже мені відгукуються:

1) якщо ви знаєте, що робити, — робіть і посилайте решту під три чорти;

2) якщо ви не знаєте, що робити, — хапайтесь за будь-яку можливість, яка допоможе дізнатися.

Ще з цього приводу люблю цитувати Ейнштейна, який сказав: «Жодну проблему неможливо розв'язати на тому самому рівні, на якому вона виникла». Якщо у вас є питання без відповіді, сісти в позу лотоса і чекати на осяяння навряд чи допоможе. А от зробити бодай щось, отримати нову інформацію чи досвід, аби стати на рівень вище і знайти відповідь — цілком.

Цей принцип — про маленькі й зрозумілі кроки замість фрустрації перед невідомим. Якщо ви відчуваєте бажання перейти в іншу сферу діяльності, але не знаєте, з чого почати, ваша найближча мета — не змінити професію, а просто зрозуміти, що вам цікаво. Дайте собі час на пошуки, експерименти, нові знайомства, книжки чи курси, щоб змінити ракурс, з якого ви дивитесь на проблему.

У нас на Happy Monday є стаття, яка називається «Стукайте у всі двері! З чого почати, коли ви не знаєте, що робити?»[18]. Її авторка Іра Пастухова розповідає про стан професійного й життєвого ступору, коли ні власні роздуми, ні поради інших не допомагають. У такі моменти можна або пасивно чекати, поки тебе осяє, або здобувати якомога більше нового досвіду й уважно спостерігати за собою — що не «зайде», а що відгукнеться й поведе вас далі. Тільки важливо не пробувати будь-що навмання, а йти «за покликом серця», тобто за своїми внутрішніми інтересами та схильностями.

З Ірою ми познайомились, коли вона волонтерила на нашій кар'єрній конференції ProForum. Вона давно за нами стежила й хотіла дізнатись про нашу роботу зсередини, а ще — розширити свої уявлення про організацію подій. Так само Іра «стукала» й в інші двері — організовувала висаджування дерев, волонтерила в екопроєктах, працювала в туристичному хабі. Пробувала себе в тому, до чого лежала душа, щоб краще зрозуміти себе та поглибити свій досвід.

Виявилося, що всі активності мали спільний патерн: Ірі не просто подобалося організовувати щось для людей — у неї це ще й круто виходило. І коли вона почала активно шукати роботу, то вже точно знала яку: сформувала список своїх ключових навичок і бажаних обов'язків, додала в резюме і майже відразу отримала пропозицію, яка відповідала її уявленням. Також Іра написала й самостійно видала збірку віршів. Вона зізнається, що ніколи не наважилась би зробити це сама, якби попередній організаційний досвід не переконав, що їй усе до снаги.

Підхід «Якщо не знаєте, що робити,— робіть те, що допоможе дізнатися» дуже полегшує прийняття рішень, особливо психологічно. Якщо перед вами стоїть завдання змінити життя, ви з великою імовірністю не зробите взагалі нічого. Або вчините щось дуже раптове й непродумане. Натомість почніть з малого. Хай вашим наступним кроком буде просто дочитати цю книжку до кінця. А потім, збагачені новим досвідом і думками, ви вирішите, що робити далі, і ваше рішення при цьому буде значно усвідомленішим.

РОЗДІЛ

4

Знайте, де ви і чого прагнете

Якось я читала інтерв'ю з кухарем, у якого запитали, як навчитися смачно готувати. Він відповів, що для початку варто навчитися смачно їсти. З кар'єрою так само. Щоб знайти місце роботи / сферу / професію, що буде в кайф, потрібно зрозуміти, що вам цей кайф приносить.

Часто ми так зосереджуємося на тому, куди нам потрібно дістатися, що забуваємо позначити старт. Тобто проаналізувати свій досвід, знання та навички, наявні ресурси та, зрештою, бажання — усе, з чого ви складаєтесь як професіонал чи професіоналка. Неможливо прокласти маршрут без вихідної точки.

Одного разу нам у Happy Monday написала читачка, назвімо її Олена:

> Добрий день, командо Happy Monday!
>
> Маю питання до ваших кар'єрних експертів. Я шукаю роботу вже пів року, надіслала понад сотню заявок, але на співбесіді була лише в 7 компаніях, і то — в тих, куди відправляла резюме про всяк випадок. Допоможіть мені зрозуміти, що я роблю не так.

Ми попросили Олену надіслати своє резюме й виявили, що в самарі (цс рядок, де потрібно вказати кар'єрну мету або бажану посаду) було написано: «Маю на меті долучитися до роботи вашої команди як журналістка, копірайтерка, PR-менеджерка, спеціалістка з реклами, інтернет-маркетологиня, редакторка, SMM-ниця».

У резюме було детально перераховано всі навички й місця роботи, які підтверджували, що Олена дійсно розуміється на всіх цих професіях. Резюме займало три сторінки, і, як з'ясувалося, дівчина надсилала його всім потенційним роботодавцям без змін. Найгірше, що таке хаотичне резюме віддзеркалювало позицію самої Олени, якій було все одно, на яку посаду її візьмуть, і яка щиро не розуміла, чому її не беруть на жодну.

Таких прикладів, на жаль, хоч греблю гати. Не розібравшись у собі, люди надсилають 30 однакових резюме на 30 вакансій. Але роботодавець не відповідатиме людині, яка навмання подалася на купу позицій (повірте, це помітно). Бо ви не розумієте, хто ви й у чому ваша цінність, тому й не можете донести це компанії.

Або ви знайдете чергову роботу, де все буде не так, бо ви «просто шукали роботу» замість подумати заздалегідь, якою саме вона має бути. Ви ризикуєте потрапити в замкнене коло невдоволення: «Я просто шукаю роботу — Здається, ця робота мені не підходить — Я знову просто шукаю роботу».

Якщо ви не знаєте, де ви і чого прагнете, то інші постійно вирішуватимуть, що вам робити, скільки отримувати, які рішення приймати. Здебільшого це зумовлено особливостями нашого виховання. До уваги бралася насамперед зовнішня оцінка: завжди був хтось (вихователька в дитсадку, вчителька у школі, батьки, незнайома тітка на вулиці — чому б і ні), хто казав, чи правильно ми щось робимо, чи здібні ми, чи здатні. Змінити свої установки складно, але щоб будувати кар'єру мрії, вам потрібно повернути себе собі.

Це важливо не лише для того, щоб зрозуміти, яку кар'єрну траєкторію обрати, а й для того, щоб упевнено нею рухатись. Якщо ви переконані у власній експертизі, вартості на ринку та планах на розвиток, ви рішуче транслюєте це роботодавцю, спілкуєтеся з ним на рівних — і домагаєтесь того, на що заслуговуєте.

РОЗДІЛ 5

Швидкі рішення = погані рішення

Є дещо, притаманне більшості з нас, у чому ми ніколи не зізнаємось. Зроблю це за вас: ми полюбляємо драматичні рішення. Звільнитися й спалити за собою мости, щойно на думку спаде спробувати себе в чомусь новому? Чому б і ні! Ми ж уявляємо кар'єрний поворот за голлівудським сценарієм, де Меріл Стрип розуміє, кого вона втратила, а Енн Гетевей викидає мобільний у фонтан, скидає тягар ненависної роботи і невдовзі знаходить нову, кращу. І хлопця, куди ж без цього.

Але така схема спрацьовує для однієї людини з десяти, яка з імовірністю 99 % почне проводити тренінги і навчати цього інших. Але для дев'яти людей із десяти наслідки такого необдуманого рішення будуть інакші: не підготувавши до звільнення ні достатньої фінансової подушки безпеки, ні плацдарму для кар'єрного переходу, вони, зрештою, змушені будуть погодитися на першу-ліпшу роботу.

Ельвіра, подруга моєї подруги, довгий час працювала маркетологом у компанії, що займалася виробництвом і дистрибуцією сантехніки. Сумлінно працювала, зростала кар'єрно, але в душі мріяла потрапити на український креативний Олімп: до Banda, Ogilvy, McCann — словом, до будь-кого зі списку Effie Awards Ukraine. Створювати сценарії для реклами, гідної «Каннського лева». Або знімати таку рекламу. Або керувати сценаристами й режисерами. Щоб визначитись остаточно, Ельвірі потрібно було випростатися з пут сантехнічного маркетингу, який приспав її креативність. Тож одного ранку вона прокинулася з чітким бажанням звільнитися — і звільнилася.

Вільна нарешті проявити себе, Ельвіра пройшла курси акаунт-менеджерів, сценаристів і копірайтерів, почала ходити на фестивалі реклами і вже майже вирішила, що хоче займатися неймінгом, як у неї закінчилися гроші. Перестрибнувши на кілька кроків уперед, Ельвіра почала хаотично розсилати резюме до омріяних компаній — без досвіду й конкретних кейсів, але їй запропонували лише стажування на зарплату, яка Ельвіру зовсім не задовольняла. Зрештою, вона влаштувалася маркетологом у банк. І якщо ви хоч раз були в банку, то знаєте, що це не схоже на креативний Олімп.

Ось чому я вважаю, що швидкі рішення — переважно погані. Зауважте: я не закликаю сидіти на місці й терпіти. Навпаки — раджу діяти, але поки ви ще працюєте. Ельвіра могла б піти на свої курси паралельно зі старою роботою. Безоплатно виконати кілька завдань увечері чи на вихідних (або навіть придумати їх самій) і додати собі до портфоліо. Системно відкладати кошти, яких би вистачило мінімум на пів року. Якби Ельвіра все це робила, то могла б звільнитися й одразу перейти на місце стажера або навіть і джуніора, а тимчасово меншу зарплату компенсувала би фінансова подушка безпеки. Її кар'єрний перехід відбувся би впевнено та спокійно, і за кілька місяців після звільнення вона могла б досягти певних успіхів у новій професії.

Я завжди наголошую на тому, що переосмислення кар'єри і пошук роботи — це теж робота, яка вимагає обмірковування, експериментів, знайомства із собою і ресурсів, насамперед часу — щонайменше три місяці, а то й пів року.

Історія № 2

Рідна мати ніколи не запросила би Вікторію на співбесіду, побачивши її резюме. Від початку кар'єри Вікторія кілька разів змінювала роботу, спеціальність і навіть професію. І радить кожному бодай раз у житті змінити кар'єрний напрям. Для мене її історія — про те, як не давати стереотипам стримувати власне зростання. І приклад нової норми кар'єрного розвитку.

Вікторія Скічко

У 18 років людина зазвичай ще нічого про себе не знає, тому коли справа доходить до вибору професії і вступу до університету, обирає улюблений факультет своїх батьків. У моєму випадку — фінанси й банківську справу.

Моя мама пропрацювала із фінансами все життя: збудувала реально круту кар'єру й дійшла до голови правління банку, що було на той час доволі революційно, бо такі посади обіймали здебільшого чоловіки. Я погано уявляла, чим могла би займатися. А оскільки мала перед очима дуже надихаючий приклад, як і де можна досягти успіху, то подумала: «Чому б не спробувати його повторити?».

Мені було цікаво навчатися, в мене виходило. Але десь на курсі четвертому мені почала закрадатися думка, що фінанси — це не так уже й захопливо і, можливо, не на все життя. Втім, коли випала нагода вступити на профільну магістратуру в Лондоні, я нею скористалася — не так заради самої банківської справи, як заради досвіду навчання за кордоном. І не пошкодувала: цей досвід змінив мене і зробив такою, яка я зараз.

Після навчання в Україні було незвично, що викладачі в Лондоні постійно питали, що я думаю з того чи іншого приводу. Навіть якщо мова йшла про теорію, доведену всіма економістами світу, можна було висловити свою точку зору замість мовчки зазирати в рота викладачеві й у жодному разі не сумніватися в його словах. Це докорінно змінило мій світогляд. Якщо раніше я переважно слухалася інших, то з часом зрозуміла, що можна й потрібно ставити під сумнів чужі слова й захищати свою точку зору перед іншими людьми, зокрема й роботодавцями.

Магістратура за кордоном також прокачала мою самостійність, навички міжкультурного спілкування і, звісно, англійську. А ще завдяки навчанню з орієнтацією на практику й реальні кейси повернула натхнення й цікавість до професії.

От тільки після повернення в Україну виявилося, що мої знання нікому не потрібні. На дворі 2008 рік, розпал банківської кризи. Пам'ятаю популярний тоді жарт: у резюме не потрібно вказувати, де ти працював у 2008 році, — достатньо того, що взагалі працював. Знайти роботу молодому фінансисту було надскладним завданням, і я з ним не впоралась. Поки що.

Я потребувала бодай якоїсь роботи, тому влаштувалася в досить неочікуване місце: департамент міжнародних відносин та зв'язків із громадськістю Державного комітету лісового господарства України. Їм потрібна була людина, яка підтримувала би зв'язок з іноземними організаціями, тож моя прокачана англійська та закордонний досвід стали в пригоді. Ніколи не подумала б, що мене занесе у державний сектор, але насправді це був досить цікавий досвід. Я багато спілкувалася зі співробітниками держструктур різних країн і навіть разом з колегою переклала з англійської на українську книжку про лісове господарство. Де б ще таке трапилось? У державній службі був лише один недолік — маленька зарплатня. Тож за півтора року я вирішила спробувати ще раз знайти роботу за спеціальністю.

Цього разу я влаштувалася у валютний відділ банку. Цифри, угоди, знову цифри, відправила мільйон не туди, повернула, ще цифри. У валютному відділі я спілкувалася не з клієнтами, а зі співробітниками інших банків, зокрема й міжнародних, а отже, тренувала свою англійську та продовжувала прокачувати навички міжкультурної комунікації. Але попри це реальність ніяк не збігалася з моїми очікуваннями. Якщо на магістратурі ми розраховували суперцікаві фінансові моделі, то в банку все було набагато простіше, менш цікаво і щодня одне й те саме.

Я подумала, що, можливо, проблема в банку. Змінивши три банки, зрозуміла, що проблема глобальніша. Мені не подобалися межі, в яких потрібно було працювати: білий верх, чорний низ, початок о 9-й, закінчення о 18-й. Не подобалася рутинна робота із цифрами — щодня та сама: ні професійних викликів, ні креативу. Я вмію, я можу, але (і це змінює все!) — не хочу. Тому попри батьківську мрію, попри роки навчання, я просто взяла й звільнилася в нікуди. Батьки, до речі, зрозуміли. Переживали, звісно, бо людям старшого покоління складно уявити, як можна звільнитися в порожнечу, але зрозуміли.

Планів у мене не було, але без роботи я сиділа недовго. Знайомий зі сфери HoReCa* шукав людину з хорошою англійською, яка могла б вести переговори з іноземними топменеджерами ресторанів та готелів. Але такі зустрічі відбувалися не щодня, тож спочатку до моїх обов'язків додалося написання текстів на сайт, потім ведення соцмереж, а згодом спілкування із журналістами й організація івентів. Багато з чим доводилося розбиратися вперше, знань не вистачало, тож я пройшла курс з основ піару. І пішло-поїхало.

* Готельно-ресторанний бізнес.

Я дуже швидко забула, що на роботі в принципі буває нудно, бо виявилось, що в піарі завжди весело. Мені це так сподобалось, що наступні кілька років я пропрацювала у двох піар-агенціях — з продуктовими та сервісними компаніями, з благодійними організаціями, а спеціалізувалася взагалі на IT-клієнтах (хоча, здавалося, де я, а де IT).

В агенціях круто працювати, особливо на старті кар'єри — рік іде за два. Можна отримати дуже концентрований досвід, який занурює з головою у сферу і змушує або полюбити її, або зненавидіти. Жонглюючи проєктами й клієнтами, постійно навчаючись і здобуваючи новий досвід, я зрозуміла, що піар зокрема й комунікації загалом — це моє. Мені подобається багатозадачність і раптовість — коли задачі виникають «на вчора» і з ними потрібно терміново розбиратися. Когось лякає, що все йде не по плану, а мене, навпаки, драйвить.

Звісно, є й інший бік медалі. Це робота 24/7, і коли у клієнта трапляється криза у п'ятницю ввечері — у суботу розгрібатимеш її ти. Трохи спокійніше працюється в піарі на боці конкретного клієнта, тому з часом я вирішила спробувати й це. Почала шукати роботу в компанії, а знайшла... в іншому напрямі. Під час співбесіди на піарника мені запропонували посаду у внутрішніх комунікаціях, і я погодилась.

Внутрішні комунікації мають багато спільного з піаром, але, як на мене, це геть різні професії. Піар спрямований на аудиторію, яку приблизно уявляєш, але не знаєш в обличчя. А внутрішні комунікації скеровані на співробітників твоєї ж компанії, ти працюєш з проблемами, очікуваннями й реакцією конкретних, знайомих тобі людей. Це потребує інших навичок, іншого досвіду і навіть інших особистісних якостей.

Спробувавши себе у внутрішніх комунікаціях, я продовжила шукати нові виклики. Наступною стала робота з брендом роботодавця, де внутрішні комунікації поєднуються із зовнішніми в доволі молоду, але перспективну професію.

Я однозначно була рада заглибитись у нову спеціалізацію, якби не одне «але»: я працювала в банку. Так, знову.

Я справді думала, що за час, поки мене там не було, у цій сфері щось змінилося. І що в іншому напрямі буде інакше. Але банк — це завжди банк. З усією своєю процедурністю та неповороткістю. Тож мене вистачило ненадовго. Навіщо витрачати час на спроби зламати систему, якщо я можу знайти компанію, де одразу реалізую круті ідеї? До того ж мені не вистачало в роботі масштабності та застосування моєї англійської. Тож я повернулася у компанію, де раніше займалася внутрішніми комунікаціями, але на нову спеціалізацію — глобальний піар. Зараз це повністю задовольняє мої вимоги до роботи, але що буде далі — не знаю.

Я вже зрозуміла, що, ймовірно, в комунікаціях я надовго. Хочу спробувати якомога більше спеціалізацій — продуктовий піар, репутаційний піар, заглибитись у маркетинг тощо, аби зрозуміти, як усе це в комплексі працює на благо компанії. Тож я планую змінювати спеціальність, і, можливо, не раз.

Років 7–10 тому змінювати роботу раз на рік-два вважалося неприйнятним. Таких людей презирливо називали джобджамперами. Зараз ставлення до цього трохи інше. На одній зі співбесід я отримала такий фідбек щодо тривалості роботи на останньому місці: «Ого, ви пропрацювали аж 2,5 року!». Цікаво, що на іншій співбесіді в мене запитали: «А чого ви пропрацювали лише 2,5 року?». Попри це, моя відносно часта зміна робіт і спеціалізацій ніколи не ставала перешкодою для працевлаштування в цікаву компанію, навпаки — мій досвід тільки додавав мені балів.

Хоча моя мама дуже переймається із цього приводу. Каже, що ніколи не запросила б мене на співбесіду, побачивши моє резюме. Звісно, може, я просто не знаю про всі ті місця, куди мене могли б покликати, але не кликали, бо я жодного разу не працювала на одному місці більше трьох років поспіль.

Та про що не знаєш — не шкодуєш. Мені вистачає пропозицій від роботодавців, і їх стає тільки більше. Тож я кажу: «Мамо, часи змінюються».

Теоретично я можу пропрацювати на одному місці 5–7 років. Але точно не на одній посаді, не в одному напрямі. Коли довго працюєш над одними й тими самими завданнями, перестаєш розвиватися. А коли переходиш у новий напрям, спеціалізацію, професію, починаєш знову. Тому я всім раджу зробити це хоча б раз у житті.

Зміна напряму насамперед розширює світогляд. Ви зустрічаєте різних людей, які чогось вас навчають, роблять ваше життя яскравішим. Широкий нетворк допомагає вирішити будь-яке питання, крім того, вас постійно кудись рекомендують. Пробуючи себе в різному, ви набираєтесь досвіду, вчитесь розв'язувати будь-які питання і нічому не дивуватися, бо «це ж було вже». Ви маєте більше кар'єрних можливостей, ніж людина, яка все життя пропрацювала на одному місці. І добре, коли є з чого обрати. А ще: коли з вами постійно трапляється щось нове, просто цікавіше жити. Принаймні мені.

Частина друга

Як обрати діяльність, що вам підходить: практики для розуміння себе як фахівця

«Ага! — подумаєте ви. — Нарешті зараз буде не про невизначеність і варіативність, а про те, як мені все-таки знайти своє покликання на все життя».

Ніт. Я ж вас попереджала.

Ба більше, я ще й скажу вам по секрету, що покликання — це, швидше, розпіарений міф, ніж те, що справді працює.

Як ми найчастіше уявляємо собі покликання? По-перше — це те, чим ми готові займатися завжди. По-друге — це те, що дарує виключно задоволення і що можна, мов подорожник, прикласти до свого життя, і воно складеться якнайкращим чином. Розберімось, що не так із цими уявленнями.

По-перше — це те, чим ми готові займатися завжди. Світ змінюється щороку, щомісяця, щохвилини, і ми змінюємось разом з ним. Те, що цікавило нас учора, може не цікавити сьогодні — і це нормально. Це не означає, що наш інтерес був несправжнім, а зусилля — недостатніми. Це просто сигнал, що настав час рухатися далі.

Ми з вами вже з'ясували, що лінійний розвиток кар'єри сьогодні практично неможливий. Навіть якщо мова про той невеликий відсоток людей, які чітко бачать свій професійний шлях і готові все життя займатися чимось одним. Їхня діяльність також змінюватиметься, і те, що вони вважали своїм покликанням, можливо, трансформується у щось зовсім інше.

По-друге — це те, що дарує виключно задоволення і що можна, мов подорожник, прикласти до свого життя, і воно складеться якнайкращим чином. Будь ласка, скажіть, що ви не вірите цьому. Труднощі, виклики чи факапи у вашій роботі не означають, що вона вам не підходить. Звісно, якщо вам хочеться, щоб величезний птах схопив вас і відніс у своє гніздо, аби лише не йти на роботу, — робота явно не для вас. Але якщо вам цікаво, драйвово і ви в змозі долати проблеми й труднощі на своєму шляху, сам факт їхньої наявності не робить справу «не вашою».

Концепція покликання, звісно, має право на існування, але трохи не в тому вигляді, як ми звикли собі уявляти: на рівні місії та цінностей, а не конкретної професії. Наприклад, навряд чи ви думаєте, що ваше покликання — усе життя писати статті про технологічні новинки. Ймовірно, ви відчуваєте покликання ділитися з іншими інформацією і пояснювати складні речі простими словами. А робити це можна сотнею різних способів. Тож навіщо обмежувати себе одним видом діяльності?

Це був такий собі дисклеймер: у цьому розділі ви не знайдете для себе кар'єрний план на 10 років уперед. Мова йтиме про те, чим керуватися, щоб у будь-який момент життя обирати собі ідеальне заняття з урахуванням власних поточних компетенцій, бажань і цілей.

РОЗДІЛ 6

Хочу—можу—треба

Я вже казала, але важливі речі краще проговорити кілька разів: **якщо ви не знаєте, чого хочете, то не знайдете, що вам потрібно.**

Відсутність навички рефлексії — велика й, на жаль, дуже поширена проблема, яка часто заважає нам зрозуміти, хто ми й чого по-справжньому прагнемо, щоб переосмислити свою кар'єру. І навіть розуміючи це, ми часом намагаємося змахлювати й перекласти пошуки відповідей на когось іншого — психотерапевта, коуча, батьків, кар'єрних консультантів чи авторів профорієнтаційних тестів. Зокрема, й до нас у Happy Monday часто звертаються із запитом «А розкажіть-но, що мені із собою робити».

Вибачте, але так не працює. Цю роботу можете зробити тільки ви. Інакше ризикуєте стати людиною, яка все життя займатиметься не тим, звинувачуючи в цьому обставини, неправильні поради чи чужий примус.

І так, це саме РОБОТА, що потребує ваших зусиль, спеціальних інструментів, а головне — часу й готовності рефлексувати.

Не очікуйте, що зараз сядете і знайдете собі застосування за кілька годин. Так не буває. По-перше, ви ще не володієте потрібною для правильного рішення інформацією. По-друге, мозку потрібен час на обдумування таких складних питань. Приготуйтеся присвятити цьому стільки часу, скільки потрібно: мінімум місяць, у середньому три, а може, пів року або й рік. Я відчула, що на своєму місці, у 28 років після купи спроб, пошуків та рефлексії.

Одразу розставлю крапки над «і»: я не раджу вам кидати все, звільнятися і пізнавати себе, харчуючись сонячним світлом і мріями про краще життя. Швидкі рішення = погані рішення, пам'ятаєте?

Хай навіть у вас є фінансова подушка безпеки на 3–6 місяців, пошук справи до душі може тривати й довше. І що, як гроші закінчаться, а ви ще не розумієте, куди рухатись? У такому разі ви можете не просто повернутися в початкову точку, але навіть зробити крок назад, погодившись на гіршу пропозицію, аби лиш була робота. Ще й звинувачувати себе, що дарма витратили час.

Тож поки ви твердо стоїте на ногах, краще використовувати наявні у вас ресурси, щоб паралельно старій роботі шукати, куди рухатись далі. На мою думку, це значно раціональніший підхід, ніж драматичне звільнення.

* * *

Отже, ми з вами з'ясували, що перед подальшими кар'єрними кроками варто сісти наодинці із собою і чесно дати відповідь на питання: «Хто я і чим хочу займатися?». Якщо ви не проти, я сяду поруч і спробую — ні, не допомогти, а скерувати вас у потрібному напрямку.

Є один спосіб, який я дуже ціную за його простоту й ефективність. Це модель професійного вибору, яку розробив психолог Є. О. Клімов (так званий «трикутник Клімова»), зараз більш відома як схема вибору професії «Хочу—можу—треба».

Суть у тому, щоб знайти найбільш підходящий для себе кар'єрний шлях на перетині трьох сфер:

Для цього слід дати відповіді на три, здавалося б, простих питання.

ПИТАННЯ № 1. «ЧОГО Я ХОЧУ?»

Починати варто саме із цього питання, хоча після роботи над наступними ви можете повернутися до нього ще раз. Відповідь знаєте тільки ви — вона лежить у площині самостійного аналізу ваших потреб і вподобань. Це і є та сама рефлексія, якої нам часом так бракує.

Загальна рекомендація — спостерігати за собою: що вам подобається, а що — ні, що виходить, а що — ні, чого хочеться, а чого — ні. Навчитися звертати увагу на свої бажання. Вони є у всіх, але багато хто розучився їх розпізнавати. Часто доходить до такого глибокого ігнорування, що здається, ніби ви взагалі нічого не хочете, бо вам добре і так. У такому разі ваше завдання — регулярно запитувати себе: «Чого я хочу?». Якщо складно почати, налаштуйте для цього будильник чи нагадування. Спочатку, можливо, ви не знайдете жодних відповідей. Потім з'являться перші бажання — подзвонити подрузі, подарувати собі букет польових квітів. Виконуйте їх, якщо змога, та продовжуйте питати себе. Із часом ви почнете помічати більш глобальні та важливі бажання. Наприклад, працювати з дітьми замість вести бухгалтерію для IT-компанії чи щось таке.

Є кілька вправ, що допоможуть пришвидшити процес рефлексії.

Чого я точно НЕ хочу

Якщо ви геть розгублені і зовсім не знаєте, чим займатися, спробуйте почати від зворотного: розберіться з тим, чого ви точно *не* хочете робити. Подумайте кілька днів і випишіть сфери, заняття чи місця роботи, про які ви можете з упевненістю сказати, що це не ваше на 100 %. Це допоможе додати бодай трохи визначеності й запустити процес роздумів.

Список зі 100 бажань

Присвятіть дві години, щоб записати у стовпець 100 (мінімум!) своїх бажань. Спочатку це завдання здасться вам нездійсненним, але ви впораєтесь. Перші 10–15 бажань ви запишете доволі швидко — це буде те, що ви вже знаєте про себе та про що думаєте найчастіше. Наступний десяток видасться складнішим, змусить вас напружуватись та пригадувати. Наступні десять, а то й двадцять пунктів будуть жартівливо-істеричними. А ось потім почнеться найцікавіше — ви очистите мозок від поверхового і зможете дістатися ваших справжніх бажань, зокрема й кар'єрних.

Ідеальний день

Ми з вами вже з'ясували, що сьогодні варто обирати не професію, а спосіб життя. От і зараз уявіть, не ким чи де ви працюєте, а як минає ваш день. Коли ви прокидаєтесь і що робите зранку, о котрій починаєте працювати. Ідете в офіс, трудитеся вдома чи перебралися на Балі й працюєте з бунгало біля океану? Що робите протягом дня, з ким спілкуєтеся, що приносить вам задоволення, які проєкти ви реалізовуєте? Для підсилення ефекту можете також уявити, що фінансово забезпечені до кінця життя. Якими заняттями ви наповнили би свій ідеальний день у такому разі?

Що ви хочете отримувати від роботи та що готові їй віддавати?

Тепер детальніше уявіть саму роботу. Але не її конкретну назву чи ваші обов'язки. Спочатку подумайте, що ви хочете від неї отримувати. Віддача від будь-якої роботи стоїть на трьох китах, які, втім, кожний наповнює власним сенсом.

- *Компенсація* — це необхідний мінімум, який ви маєте отримувати: оплата праці, соціальні гарантії, робоче місце тощо.

- *Винагорода* — те, що ви отримуєте на додачу до компенсації: бонуси, похвала, ваш публічний образ експерта, профільні нагороди тощо.

- *Мотивація* — те, що допомагає вам щодня виконувати свою роботу: повага керівництва й колег, можливості для розвитку, відчуття стабільності й захищеності чи, навпаки, постійні виклики й драйв.

Подумайте в розрізі цих трьох аспектів, що ви хочете отримувати від роботи своєї мрії. Випишіть свої вимоги, ранжуйте їх від найбільш до найменш пріоритетних і тримайте в голові, розглядаючи різні варіанти. Це допоможе не проігнорувати свої бажання в гонитві за нібито ідеальною роботою. Наприклад, вам продзижчали всі вуха про те, якою перспективною й прибутковою є робота в ІТ, і зокрема — професія розробника. І от ви вже майже заплатили за курси фронтенду, але повертаєтесь до свого списку «Що я хочу отримувати від роботи?», а там у першій п'ятірці — мінімум рутини, виступи на конференціях та подорожі. І ось ви врятовані від необдуманого рішення, продиктованого чим завгодно, тільки не вашими справжніми потребами.

А ще подумайте, що і в яких обсягах ви самі готові віддавати роботі. Це допоможе одразу відсіяти певні формати, сфери та професії. Мова про час, досвід, знання, знайомства тощо. Наприклад, ви розумієте, що готові віддавати роботі не більше ніж 8 годин на день і за жодних обставин не хочете жертвувати позаробочим часом та вихідними. Що ж, тоді робота піарника, особистого асистента чи прессекретаря вам навряд чи підійде із цілком об'єктивних причин.

Те саме з досвідом і знаннями. Що ви хочете використовувати в роботі, а що — ні? Ось я маю досвід роботи графічним дизайнером, відповідну додаткову освіту, пов'язане із цим хобі — малювання. Але на цьому етапі я не хочу віддавати це роботі. Мені здається важливішим задіяти інші свої компетенції. Якби я шукала роботу зараз, це допомогло б мені зрозуміти, в який бік точно не дивитися.

Ціннісний профіль роботи

Згідно з дослідженням Millennials at work [19], 56 % міленіалів готові піти з роботи, якщо цінності роботодавця не збігаються з їхніми власними. Тож чи не краще одразу обирати роботу до душі? У книжці засновників англомовного кар'єрного порталу TheMuse.com Александри Кавулакес і Кетрін Міншю «Нові правила роботи» (The New Rules of Work) наведено просту вправу, яка допоможе це зробити.

Є 5 блоків із цінностями, у кожному — по кілька тверджень, з яких ви маєте обрати одне, яке вам відгукується найбільше. У підсумку ці 5 обраних тверджень і сформують ціннісний профіль роботи, яка вас задовольнить.

Блок № 1. Місія та внесок

- **Зміни в суспільстві:** я хочу впливати на суспільство загалом.
- **Служіння:** я хочу прямо допомагати людям.
- **Вплив:** я хочу, щоб моя робота змінювала погляди й життя людей.
- **Прийняття рішень:** я хочу приймати рішення і створювати правила в зоні свого впливу.
- **Етика:** я хочу, щоб моя робота була тісно пов'язана з моїми принципами й поглядами.
- **Спільнота:** я хочу, щоб результат моєї роботи впливав на спільноту, в якій я живу.

Блок № 2. Спілкування, робота в команді, соціалізація

- **Соціалізація:** я хочу, щоб спілкування з людьми було постійною частиною моєї роботи.
- **Індивідуалізм:** я хочу працювати самостійно й мінімально залучати інших.
- **Робота в команді:** я хочу бути частиною команди і разом працювати над проєктами й завданнями.
- **Управління:** я хочу мати підлеглих і керувати роботою інших.
- **Автономність:** я хочу працювати незалежно, з мінімальною кількістю керівництва й указівок.

Блок № 3. Рутина

- **Дедлайни:** я хочу працювати в умовах обмеженого часу.
- **Різноманіття:** я хочу, щоб мої задачі були різноманітними й часто змінювались.
- **Постійність:** я хочу, щоб мої задачі й робота були переважно сталі.
- **Деталі:** я хочу, щоб моя робота потребувала уваги до деталей, чіткості й ретельності.
- **Гнучкість:** я хочу мати можливість впливати на свій графік та підлаштовувати його під себе.
- **Подорожі:** я хочу, щоб подорожі були частиною моїх обов'язків.

Блок № 4. Винагорода

- **Визнання:** я хочу публічного визнання своїх професійних досягнень.
- **Компенсація:** я хочу, щоб моя робота давала суттєвий фінансовий прибуток.
- **Безпека:** я хочу, щоб моя позиція та зарплатня були мінімально підвладні ризику змін.
- **Престиж:** я хочу, щоб позиція та компанія були відомі й визнані на ринку.

Блок № 5. Задачі й професійні виклики

- **Експертиза:** я хочу працювати для досягнення статусу експерта у своїй справі.
- **Креативність:** я хочу, щоб моя робота була пов'язана зі створенням чогось нового.
- **Конкуренція:** я хочу працювати в середовищі, де можу конкурувати й здобувати першість.
- **Драйв:** я хочу, щоб моя робота була більшу частину часу цікавою й надихаючою.
- **Фізична залученість:** я хочу, щоб моя діяльність була фізично активною, використовувала мої фізичні навички.

Уявімо, що ви добре подумали, обрали те, що вам відгукується, і склали такий ціннісний профіль вашої роботи: служіння, соціалізація, гнучкість, компенсація, експертиза. От уже і можна було б зробити висновок, що за цінностями вам непогано підійшла б робота психотерапевтом або коучем.

Метод Тоні Шея

Ще мені подобається аналітична вправа, яку свого часу описав CEO Zappos Тоні Шей і дав їй назву «Гори й долини». Завдяки цій вправі ви зможете зрозуміти, на що вам орієнтуватися в роботі, а чого, навпаки, уникати.

Малюєте графік, горизонтальна вісь якого позначатиме тривалість вашого кар'єрного шляху, а вертикальна — рівень задоволення, яке ви отримували від роботи за шкалою від −10 до +10.

Далі позначаєте на графіку крапками всі важливі моменти вашого професійного життя, а потім аналізуєте, чому кожен з них опинився на своєму місці: що дарувало вам особливе задоволення («піки» ваших гір), а де його, навпаки, бракувало (ваші «долини»).

Наприклад, мій графік виглядає приблизно так.

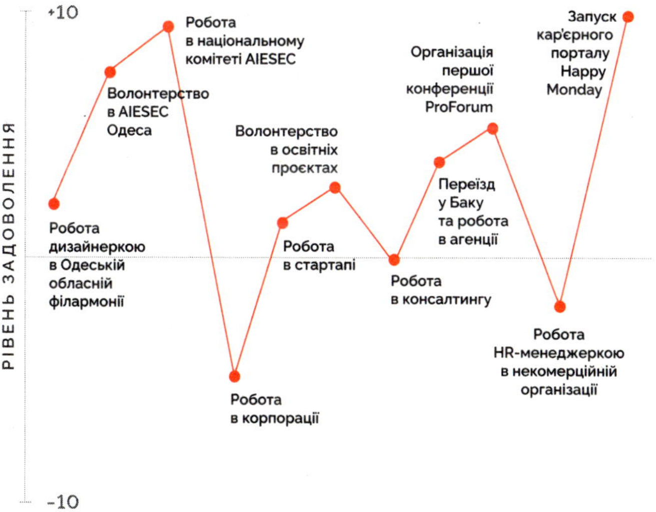

Один з «піків» у моїй професійній історії — це робота в національному комітеті AIESEC. Що мені подобалось: 1) можливість самостійно вирішувати, над якими ініціативами працювати, і впливати на формування своїх задач; 2) швидка реалізація проєктів і можливість наочно бачити результати своєї роботи; 3) команда небайдужих людей, які відповідали за свою роботу й переймалися роботою інших, бо розуміли важливість командного результату.

Одна з «долин» — це робота в корпорації. Тут я жодним чином не впливала на задачі, які мала виконати, робота була досить інертна, деякі проєкти були реалізовані задовго після мого звільнення, а деякі взагалі відсунули на безрік. Люди, з якими я працювала, були професійними, але нікуди не поспішали і фокусувалися виключно на своїх обов'язках.

Навіть зараз, проаналізувавши ці дві роботи, можна чітко зрозуміти важливі для мене критерії та створити профіль ідеальної роботи. А свого часу я проаналізувала їх усі: те, що було мені до душі, повторювалося на всіх «піках», а те, що дратувало, — в усіх «долинах». Зрештою, вирішивши створити Happy Monday, я керувалася насамперед бажанням сформувати робоче середовище, якого особисто мені бракувало і де я та моя команда завжди почувалися б на «піку» своїх можливостей.

ПИТАННЯ № 2. «ЩО Я МОЖУ?»

Із цим запитанням самостійно вже не впоратись — доведеться долучати ваше оточення. Адже якщо ми говоримо про професійну реалізацію, вона можлива лише серед людей — саме вони наймають нас на роботу, платять за наші послуги, купують товари або будь-яким іншим чином визнають цінність наших умінь та навичок.

Є й ще одна причина звернутися по допомогу в цьому питанні. Ми часто схильні недооцінювати себе. Легко знаходите контакт з іншими? Це важлива конкурентна перевага на ринку, але ви, певно, скажете: «Та що тут такого, всі так можуть». Нам складно гідно оцінити свої вроджені або надбані переваги, тому відповідь на друге питання потрібно шукати як усередині себе, так і за допомогою зворотного зв'язку від людей, які вас оточують. Ось кілька вправ, які допоможуть відповісти на це запитання.

Інвентаризація власного досвіду

Приділіть один-два вечори, щоб виписати всі проєкти, ініціативи, компанії, курси, стажування, гуртки та секції, де ви навчалися або працювали за все своє свідоме життя. Ваше завдання — підготувати повний життєпис своєї професійної діяльності, починаючи зі школи. Зібравши весь досвід в одному місці, ви можете зробити несподівані відкриття та зрозуміти, що здатні на більше, ніж робили, приміром, на останньому місці роботи. Адже ми схильні забувати багато чого, якщо це не потрібно нам тут і зараз. Тільки дуже вас прошу: не робіть із цього потім резюме — воно має відображати лише те, що стосується конкретної позиції, на яку ви його надсилатимете.

Прохання про відгук

Так само як і з регулярними питанням «Чого я хочу?», вам варто просити інших про зворотний зв'язок після кожного проєкту чи важливого завдання. Захистили проєкт перед клієнтом? Попросіть керівника відзначити, що ви зробили правильно, а над чим вам іще варто попрацювати. Виступили на конференції? Запитайте в організаторів чи знайомого серед аудиторії, що вам вдалося, а що ще потрібно посилити.

Зворотний зв'язок 360

Зберіть анонімні відгуки у тих, хто добре вас знає як професіонала. Найпростіший формат — гугл-форма з трьома питаннями.

- Що, на ваш погляд, у мене виходить добре? Які в мене сильні риси?
- З яким питанням ви звернулися б до мене по пораду? Чим я можу бути вам корисний / корисна?
- Які ви бачите для мене зони розвитку? Що мені потрібно змінити, чого навчитися?

Надішліть цю форму людям (колегам, керівництву, партнерам чи клієнтам), чиї відповіді важливі для вас, приблизно з таким проханням: «Добрий день! Якщо ви отримали цю форму, отже, ми з вами над чимось працювали разом. Я зараз аналізую свої сильні якості та зони розвитку, тож буду вдячний / вдячна за зворотний зв'язок!».

Профорієнтаційні тести

Профорієнтаційні тести можуть допомогти з відповідями на обидва питання: «Чого я хочу?» і «Що я можу?». Хоча це зовнішній інструмент, іноді він працює як психотерапевт — ставить питання, яких ви не поставили б собі, і змушує на них відповідати.

Одразу скажу, що я маю на увазі серйозні профорієнтаційні тести, розроблені психологами. Ті, що виявляють та аналізують ваші сильні та слабкі риси, цінності й фактори мотивації. Не тести, які визначають, ким вам стати, за аватаркою на фейсбуці.

Свого часу, намагаючись знайти відповідь на питання «Яке заняття зробить мене щасливою?», я пройшла всі доступні мені тести — як платні, так і безкоштовні. Тест, який видався мені найефективнішим, я вирішила забрати за ліцензією собі на сайт, коли заснувала Happy Monday, і тепер рекомендую його всім, хто хоче отримати конкретні відповіді за короткий проміжок часу.

Профорієнтаційний тест «Профкар'єра UA» адаптований для України і підійде для людей віком від 20 років. Він складається з двох частин: онлайн-тесту та консультації зі спеціалістом. Тест покаже ваші сильні якості та фактори мотивації, виявить компетенції, про які ви можете навіть не здогадуватись, визначить, яка сфера й тип кар'єри вам підходять. А консультація допоможе розшифрувати результати й обговорити план подальших дій. У підсумку ви отримаєте список із 12 професій, які вам підходять, перелік ваших компетенцій, сильних рис та програм, які допоможуть вам навчатися й розвиватися.

Звісно, жоден тест не варто сприймати як керівництво до дії чи ставити його результати вище за власні бажання й потреби. Це просто орієнтири на вашому шляху самопізнання. Мені дуже сподобалося, як про такий інструмент відгукнулася одна з наших клієнток: «Особлива цінність тесту не в тому, що ти отримуєш відповідь на питання: "Ким стати?", а в тому, що починаєш розуміти свої особливості й переваги, завдяки яким зможеш бути ефективним у різних суміжних сферах. А це важливо в умовах постійних змін».

ПИТАННЯ № 3. «ЩО ПОТРІБНО РИНКУ?»

Коли я кажу про улюблену справу, то маю на увазі роботу, яка забезпечує не тільки задоволення та реалізацію, але й рівень доходу, який повністю відповідає вашим потребам. В іншому випадку почуватися наповнено й гармонійно буде важко. А отже, якщо вам подобається створювати вироби з бісеру, але це не приносить вам грошей, то це хобі, а не улюблена робота. Щоб перетворити хобі на роботу, потрібно знайти під нього ринкову нішу — проаналізувати поточні й майбутні можливості, запит ринку та перспективи розвитку. Ось що допоможе відповісти на це питання.

Аналітика й дослідження

На щастя, те, що відбувається на ринку праці, турбує не лише вас. Щодня на цю тему з'являється купа інформації. Вам просто потрібно видобувати з неї найцікавіше та найкорисніше для себе:

- огляди зарплат для різних фахівців;
- прогнози перспективності різних професій;
- рівень конкуренції в різних сферах зайнятості;
- переліки найбільш затребуваних навичок для успішної кар'єри.

Аби вся ця інформація потрапила до вас на радар, варто регулярно тусуватися на порталах з вакансіями, в аналітичних медіа про бізнес та роботу, професійних групах у соцмережах (особливо в LinkedIn), стежити за лідерами думок у сфері, що цікавить вас, і за кар'єрними консультантами (про них — далі).

Консультації кар'єрних експертів

Ви не можете розбиратися в усіх сферах та знати особливості кожної індустрії. Втім, є люди, для яких це робота. Сьогодні в Україні з'являється дедалі більше кар'єрних консультантів, які допомагають із глобальними запитами на кшталт зорієнтуватися на ринку праці, провести інвентаризацію досвіду, проаналізувати наявні у вас варіанти роботи тощо. А ще такий експерт може допомогти зі складанням резюме чи підготувати до співбесіди в конкретну компанію.

Багато кар'єрних консультантів можна знайти на Happy Monday — вони пишуть для нас статті, відповідають на питання і навіть безкоштовно «прожарюють» резюме. Поспостерігайте за кількома такими експертами, почитайте їхні соцмережі (більшість з них активно ведуть сторінки у Facebook чи LinkedIn) та не бійтеся звернутися до них по допомогу в разі потреби.

РОЗДІЛ 7

Лізьте у воду

Тепер зберіть докупи відповіді на всі три питання — «Чого я хочу?», «Що я можу?», «Що потрібно ринку?» — і подивіться, які ваші бажання та уявлення про ідеальну роботу підкріплюються вашими навичками та мають попит на ринку.

Таким чином, від ситуації, в якій ви не мали нібито жодного уявлення, до чого ж лежить ваша душа, ми з вами переходимо до ситуації, в якій у вас є 5–10–15 варіантів діяльності, які здаються вам цікавими й підходящими. А далі — найзахопливіше: вам потрібно буде спробувати їх усі!

Щоб навчитись плавати, потрібно лізти у воду — погодьтеся, що на березі опанувати цю науку важко. Так і обрати професію, сферу чи формат роботи неможливо, не заглибившись у них бодай трохи і не перевіривши, як ви почуваєтеся в новій ролі. Хоча ні — можливо, але хто гарантує, що за кілька тижнів ви не розчаруєтесь і не почнете пошуки заново?

Знову-таки: навіть наголошуючи на тому, щоб ви спробували цікаві для вас варіанти, я не маю на увазі звільнення.

Для тестування може вистачити місяця, тижня чи навіть дня. Ось як це можна зробити.

СПОСТЕРЕЖЕННЯ Й СПІЛКУВАННЯ З ЛЮДЬМИ, ЯКІ ЗАЙМАЮТЬСЯ ТИМ, ЩО ЦІКАВИТЬ ВАС

Якось під однією зі статей у журналі наша читачка залишила такий коментар:

> Добрий день, Катерино!
>
> Дякую вам за вашу роботу. Ваші статті мотивують, інформують і читаються на одному диханні.
>
> У сфері копірайтингу я новачок та дуже хочу розвиватись у цьому напрямку. Підкажіть, будь ласка, з чого варто розпочинати і що особисто вас надихає під час роботи.

Дівчина залишила свою електронну пошту, і наша авторка Катя написала їй лонгрід: порадила курси, книжки, з чого почати й де отримати перший досвід. Можливо, читачка й не сподівалася на відповідь, але Каті й самій було дуже приємно, що до неї звернулися по пораду, тому вона із задоволенням приділила свій час і поділилася досвідом.

Запитати про основи чи підводні камені професії людину, яка безпосередньо в ній працює, — здається, найпростіший спосіб дізнатися більше про цікавий для вас напрям.

Навіть якщо ви не знаєте таких людей особисто, не проблема — соцмережі сьогодні значно полегшують доступ. Знайдіть представника цікавої вам професії / сфери і принаймні почитайте, що він пише про свою роботу в постах чи на зовнішніх майданчиках. А ще краще — напишіть, щоб познайомитись, і попросіть поділитися важливими інсайтами про свою діяльність. Знаю, це здається нереальним. Перша людина, до якої ви звернетесь, імовірно, справді не погодиться. І друга теж. Але третя подумає: «Чом би й ні?».

Може видатись, що я маю на увазі менторство, тому трохи поясню. На відміну від кількох питань людині «в темі», менторство — це системна, глибока й довгострокова робота, до якої мають бути готові обидві сторони. Якщо ви хочете схопити саму суть професії, бо вибираєте з кількох, я радила б поки відкласти ідею з менторством. Воно більше підходить для тих, хто вже визначився і хоче не просто «помочити ніжки», а реально «зануритись» у нову професію та опановувати її під наглядом професіонала. До речі, про менторство як інструмент для розвитку кар'єри я ще розповідатиму далі.

SHADOW

Дуже цікава практика, хоча затестити її може бути непросто. Суть у тому, щоб стати «тінню» людини, яка займається тим, чим хочете займатися ви. Це допомагає побачити справжню внутрішню кухню професії. Бо зазвичай ми дивимося на омріяну справу крізь рожеві окуляри просто через брак інформації.

Наприклад, більшість людей вважає, що дизайнер — це творча професія, хоча насправді вона на 90 % складається з рутини і лише на 10 % — із чистої творчості. Дизайнер інтер'єру креативить із концепцією, стилем і кольоровою гамою приміщення, а потім креслить плани, малює розетки й продумує вентиляцію. Вебдизайнер малює одну дійсно оригінальну сторінку сайту, а потім накладає цей шаблон ще на 50 сторінок та адаптує їх для мобільних пристроїв. Але щоб дізнатися це, потрібно провести поруч із таким спеціалістом день, два чи тиждень — разом з ним ходити на зустрічі, вмикати комп'ютер та отримувати правки від клієнта.

Наприклад, моя добра знайома Катя, яку ви ще зустрінете на сторінках цієї книжки, за допомогою такої методики тестувала професію тату-майстра. Вирішивши розвиватися в цьому напрямку, вона з'ясувала, що найкраще навчатися не на курсах чи самостійно, а спостерігаючи за роботою дійсно крутих майстрів. Склала список татуювальників, у яких хотіла би повчитись, і почала методично з ними зв'язуватись. Від одного з майстрів вона втекла, коли побачила, як він стерилізує інструменти в мікрохвильовці, але з другим їй пощастило.

Перший час Катя просто спостерігала за роботою майстра: як він облаштовує робоче місце, як спілкується з клієнтами, як набиває тату. Приходила, дивилася, йшла додому, а потім знову приходила. Поспостерігавши за майстром певний час, Катя почала практикуватися самостійно, а він був поруч, коли вона робила свої перші тату.

Чудово, якщо серед ваших знайомих є людина, яка займається тим, що хочете робити і ви. Якщо такої людини немає, ваш варіант — достукатися до потрібних фахівців у соцмережах. Так, можливо, у цьому випадку погодиться навіть не третій, а добре, якщо десятий. Але ж який крутий це буде досвід.

DEEP DIVE

Ще одна цікава практика, але простіша. Вона полягає в тому, що ви визначаєте певний час — місяць, тиждень, хай навіть день — і присвячуєте його знайомству з новою сферою. Читаєте статті та переглядаєте відео з теми, відвідуєте профільну конференцію чи дивитесь її в записі, розмовляєте про цю діяльність з людьми, читаєте пости лідерів думок. Якщо за цей час вас не знудило і ви хочете ще більше зануритись у професію — це хороший маркер, який свідчить про глибоке, а не поверхневе зацікавлення.

Утім, буває й навпаки. Деякий час разом з командою я займалася проєктом MakeMeBetter, де ми знаходили менторів людям, які хотіли розвиватися в певному напрямі. Якось до нас звернувся Олег, який шукав когось, хто зорієнтує, з чого почати кар'єру в інтернет-маркетингу. Ми знайшли йому реально крутого фахівця з досвідом роботи в Google, який і сам надихнувся роллю ментора і підійшов до неї максимально ґрунтовно. Не знаю, як Олег від початку уявляв собі інтернет-маркетинг, але коли ментор у перший місяць співпраці розписав йому всі можливі стратегії розвитку у професії, дав список книжок, сайтів, курсів, познайомив з аналітикою і годину розповідав про метрики ефективності, Олег подякував і сказав, що ще пошукає, чим йому займатися в житті.

СТАЖУВАННЯ Й ВОЛОНТЕРСТВО

Зі стажуваннями все зрозуміло. Ну, хіба крім того, що стажування — це не завжди приносити каву. І не завжди для студентів. І не завжди неоплачувано. Словом, стажування часто недооцінюють, а дарма. Просто не варто асоціювати його виключно з навчальною практикою в університеті, яка найчастіше проходить формально — і для студента, і для компанії.

Є спеціальні програми стажування для молоді у великих корпораціях, є закордонні стажування від міжнародних організацій і навіть стажування для людей старшого віку. Часто стажуванню потрібно приділяти не весь свій день, тому його можна поєднувати з поточною роботою. Або взяти відпустку, щоб спробувати себе в новій справі.

Я й сама беру людей на стажування, бо знаю, що для стажера це крута нагода отримати необхідний досвід, а для мене — перевірити людину на практиці, навчити її «під себе» та згодом прийняти більш усвідомлене рішення про співпрацю. Свого часу ми взяли двох стажерів у відділ дизайну — хлопця й дівчину. Обоє щойно після курсів: з мінімальним досвідом роботи й геть без нього. Вони стажувалися місяць: наша дизайнерка приділяла їм дуже багато часу, навчала, пояснювала й спрямовувала.

Узяти дівчину в штат ми не могли, але вона хотіла наповнити портфоліо реальними роботами, щоб почати заробляти на фрилансі, і стажування їй у цьому допомогло. Зараз ми регулярно звертаємося до неї з проєктними задачами та радимо її своїм клієнтам.

Хлопець узагалі у 30 років перейшов у дизайн з іншої сфери діяльності. Після стажування ми взяли його дизайнером на парт-тайм, а за деякий час він отримав роботу фул-тайм за спеціальністю в IT-компанії. Без досвіду та напрацьованого в нас портфоліо він не зміг би влаштуватися на таку роботу лише за пів року після такої рвучкої зміни кар'єри. Стажування — це крута можливість, не ігноруйте її.

Те саме стосується і волонтерства, яке здебільшого асоціюють із чимось фізичним, наприклад, прибиранням у громадських місцях. А насправді благодійним та громадським організаціям часто потрібна профільна допомога. Приміром, притулок для тварин може шукати SMM-менеджера, який працюватиме на волонтерських засадах.

> Альона, в минулому журналістка, вирішила перейти в IT-сферу на позицію івент-менеджерки. Для цього на профільних сайтах і в соцмережах вона пропонувала себе в ролі волонтерки на різних IT-івентах. Устигла попрацювати і на реєстрації учасників, і виносила клікери спікерам, і стежила за кавомашинами, а сама тим часом усе сканувала, запам'ятовувала,

знайомилася з підрядниками, спікерами й партнерами. Одне з таких знайомств конвертувалося в запрошення на співбесіду: компанія-партнер одного з івентів побачила Альону в роботі й комунікації та захотіла найняти її.

Такий варіант чудово підійде, якщо ви поки не маєте досвіду і хочете спробувати себе у професії. Буде вам і знайомство, і рядок у резюме, а може — і пропозиція роботи.

ВНУТРІШНІ ПРОЄКТИ НА ПОТОЧНІЙ РОБОТІ

Якщо у вас гнучка компанія й адекватне керівництво, ви можете спробувати себе в новій ролі навіть на поточному місці роботи. Для цього вам потрібно лише виявити цікавість до проєктів інших відділів і взяти в них участь. Або організувати власний — у потрібному вам напрямку.

Уявімо, що ви працюєте редактором в онлайн-медіа, але цікавитесь проєктним менеджментом. Поспостерігайте за роботою проєктної команди і запропонуйте їй допомогу — наприклад, влаштуйте фотосесію для матеріалу від А до Я. Або ж організуйте власний проєкт — можливо, ви давно вважаєте, що вашому медіа потрібен подкаст чи ютуб-канал, і ви готові зайнятися його запуском.

Я, наприклад, саме так спробувала себе в маркетингу. Коли почалася криза 2014 року, я працювала в консалтинговій компанії, що займалася налагодженням процесів найму, а також навчанням і розвитком співробітників. Багато компаній відмовилися від консалтингових послуг, роботи стало менше, а я терпіти не можу, коли мені немає чим зайнятися. Тож почала шукати, де можу бути корисною, і запропонувала керівництву оновити сайт і почати розвивати соціальні мережі, щоб залучити нових клієнтів. Я не мала на меті отримати нову професію, але якби мала — цей досвід дуже став би мені в пригоді. Якщо ви встигаєте виконувати свої основні обов'язки, навряд чи хтось буде проти того, щоб ви спробували себе ще в чомусь.

ФРИЛАНС ТА ПАРТ-ТАЙМ

Це спосіб для тих, хто має певне розуміння професії та потрібні навички. По суті, це вже робота в обраному новому напрямку — у форматі, який дозволяє паралельно працювати на старому місці.

Наприклад, ви працюєте бухгалтером, але вирішуєте заробляти на життя журналістикою. Щоб спробувати себе в новій професії, ви або домовляєтесь із кількома виданнями і у вільний від роботи час пишете одну-дві-три статті на місяць (фриланс), або, наприклад, влаштовуєтесь у новинне видання на вечірню чи вихідну зміну (парт-тайм).

Звісно, довго так паралелити дуже виснажливо. Тому варіант фрилансу й парт-тайму часто використовують уже на етапі переходу від однієї діяльності до іншої. Якщо все піде окей, вам буде набагато легше залишити бухгалтерію і зосередитись на роботі журналістом, адже ви вже матимете конкретний досвід роботи.

Ми якось писали про хірурга, який зі зменшенням обсягів роботи під час карантину 2020 року вирішив вивчити щось нове, щоб не гаяти дарма часу. Пройшов онлайн-курси, багато навчався сам і опанував не абищо, а фронтенд-розробку — на достатньому рівні, аби заробляти фрилансом і мати джерело додаткового доходу. На момент виходу статті він проходив курс із поглиблення власних знань і розглядав теоретичну можливість із часом повністю перейти у веброзробку. А на момент написання цієї книжки — знайшов свою першу роботу в новій професії.

РОЗДІЛ

8

Ваше / не ваше

За моїм задумом, ми з вами вже дійшли точки, де ви більш-менш точно розумієте, навколо чого хочете будувати кар'єру. Якщо й на цьому етапі ви ще не визначились і маєте два-три варіанти, тут я вас «підставлю» й нічим не допоможу. У процесі самокопання й пізнання себе важливо вчасно зупинитися.

Якщо ви чекаєте на момент, коли вас раптом осяє, а вгорі заспіває хор ангелів (як у «Гаррі Поттері», коли маленький чарівник нарешті обрав свою паличку), то я вас розчарую. Розуміння, що ви зробили правильний вибір, може прийти вже в процесі роботи. Тому вам доведеться приймати вольове рішення й обирати. Але я думаю, що вся робота, яку ви виконали до цього, підкаже вам правильну відповідь.

Щоб геть вас заплутати, я додам, що впевненість у правильному виборі може взагалі не прийти. Зараз ви зрозумієте, про що я. Уявіть, що ви захотіли навчитися на чомусь грати і серед усіх музичних інструментів обрали гітару. У перший же вечір зіграли простеньку мелодію та надихнулися: «Ого, та це ж моє!». Але щойно процес навчання ускладнюється, ви починаєте в собі сумніватися: струни рвуться, медіатор падає всередину гітари, руки беруть не ті акорди, а «Нірвана» у вашому виконанні звучить украй сумнівно. Про що це свідчить? «Що це зовсім не моє», — вирішуєте ви. Не склалося. Що там у нас далі — може, клавіші?

І ви переходите до наступного інструменту, так і не дізнавшись, що якби ви не здалися і приділили ще трохи часу гітарі, то помітили б, що накопичені знання починають вибудовуватись у логічну послідовність, а руки самі видобувають з гітари досить пристойні мелодії.

Це ефект Даннінга—Крюґера в дії. Згідно з ним, ми відчуваємо себе впевненими тоді, коли насправді не повинні були б — коли лише починаємо в чомусь розбиратися. Потроху опановуючи нову справу, ми стаємо менш упевненими, аж доки не потрапляємо у так звану «долину смерті» — стан, у якому нам здається, що ми абсолютні профани. Згодом ситуація покращиться — ми почнемо потроху досягати в новій справі реальних успіхів і наша впевненість у собі зросте. Але в «долині смерті» ми думаємо лише про те, що нам, мабуть, варто взятися за щось інше.

Пам'ятаєте, я розповідала про проєкт MakeMeBetter, де початківці могли отримати менторську допомогу? Так от, був там один хлопчина, який за два роки існування проєкту звертався до нас чотири рази — буквально що пів року він приходив із проханням знайти йому ментора в новій професії. У деталі він не вдавався, але про попередні спроби відбувався фразами на кшталт «Зрозумів, що не моє», «Не маю хисту», «Не пішло» тощо.

Ми дуже часто відмовляємось від цікавої роботи, бо не вийшло так швидко й легко, як нам уявлялось. Але легко не буде ніколи, чесно кажу. Принаймні постійно.

Будь-яка робота — це насамперед вирішення проблем. І мені дуже подобається думка, що, обираючи справу до душі, варто шукати не те, що буде постійно радувати чи вдаватися з першого разу, а проблему, яку ви готові розв'язувати попри труднощі.

Найімовірніше, ефект Даннінга—Крюґера чатуватиме на вас, хоч би чим ви починали займатися. І щоб не змінювати купу музичних інструментів, я раджу спитати себе, коли ви опинитесь у «долині смерті»: «А мені взагалі цікаво? Так, зараз у мене не виходить, але чи мені в принципі хотілося б, аби вдалося?». Дайте собі шанс спробувати ще раз, пройти ще трохи вперед і перевірити, на що ви здатні.

* * *

Інструментів, корисних для окреслення образу себе як фахівця, насправді набагато більше. Я згадала, на мій погляд, про найдієвіші, хоча для вас можуть спрацювати геть інші. Головне — не ігноруйте цього етапу, зазирніть у глиб себе. Але пам'ятайте, що будь-який інструмент — це не панацея. Це дзеркало, яке дозволить вам поглянути на себе і дізнатися трохи більше про те, ким ви є.

Як фінальний акорд хочу нагадати вам, що ідеальний варіант будь-чого трапляється в природі вкрай рідко. Навіть робота, яка мала би пасувати вам на всі 100 %, пасуватиме на чесні 90–95 %. Але це не означає, що вона вам не підходить. Адже ці 5–10 % ви з великою імовірністю можете «докрутити» під себе.

Іноді ми бачимо обмеження там, де їх немає. Трохи проактивності — і ви зможете домовитися про зручніший графік, делегувати неприємний обов'язок або навпаки — узяти на себе завдання, якого вам не вистачало, щоб почуватися на своєму місці. Навіть в умовах найбюрократичнішої системи і найжорсткішого керівника.

Наведу приклад із книжки «Harvard Business Review. Гайд із життєвого балансу» (HBR Guide to Work-Life Balance). Одна з її дописувачок, Емі Ґалло, розповіла про унікальний випадок у Ford Motors Company. Керівниця програм Джулі Рокко дуже любила свою роботу, але не могла більше приділяти їй стільки часу, як раніше, бо нещодавно народила дитину. Необхідність працювати по 12 годин на день і постійно бути на зв'язку стала тими 10 % відсотками, які не могли примирити Джулі з її роботою. Що вона зробила? Домовилася з іншою співробітницею компанії — теж Джулі (який збіг!) — розділити з нею свої обов'язки. Обидві працювали три дні на тиждень: одна Джулі — у понеділок, середу й четвер, друга — у вівторок, середу й п'ятницю. Щодня вони доповідали по телефону одна одній про денні події, а у спільний день, середу, працювали разом. Їхня розподілена співпраця була плідною, бо вони мали спільні прагнення, погляди й професійні підходи. А ще обидві Джулі не перепрацьовували, почувалися щасливішими на роботі та вдома і приходили в офіс, сповнені енергією.

Випадок двох Джулі — унікальний, але доводить, що все можливо, якщо ризикнути й спробувати організувати свій робочий процес так, як зручно вам (не нехтуючи при цьому потребами компанії).

БОНУС!
10 КНИЖОК ПРО ПОШУК СЕБЕ

За весь час роботи над темою професійного розвитку я прочитала багато книжок, які обіцяють допомогти з відповіддю на питання: «Хто я і що робити зі своїм життям?». Не всі з них дійсно допомагають пізнати себе, а деякі й відверто заважають почути свій внутрішній голос. Я поділюся з вами особистим топом книжок, які варто прочитати, щоб задуматися про важливе й перевірити налаштування свого життєвого компаса.

Усі книжки дуже різні — десь автори погоджуються між собою, а десь, навпаки, суперечать одне одному. Але ми з вами вже знаємо, що «правильних» і «неправильних» відповідей не існує, як не існує єдиної стратегії, що приведе всіх до успіху. Тож, попри шанобливу прихильність до книжок та їхніх авторів, ушиту в нашу ДНК, не забувайте просіювати все прочитане крізь сито критичного мислення, пробувати, помилятися та шукати свій унікальний шлях. Але книжки почитайте — там можна знайти необхідні орієнтири та, безперечно, натхнення.

1 **Кен Робінсон**
«Покликання. Як знайти те, для чого ви створені, і жити у своїй стихії»

Автор — експерт із творчого мислення та інноваційної освіти — ділиться історіями людей, які наважились дослухатися до себе та знайшли іноді вкрай несподівані варіанти застосування своїх талантів і здібностей, доповнюючи їх порадами, як реалізувати себе сповна. Книжка легко читається, дає достатньо багатогранне уявлення про тему покликання і точно стане джерелом натхнення.

2 Мігай Чиксентмігаї «Потік. Психологія оптимального досвіду»

Щиро вважаю, що цю книжку варто прочитати кожному. Вона здатна дати відповіді на найскладніші питання: «Чому одні люди щасливі, а інші — ні?», «Чому успіх у роботі не завжди приводить до задоволеності життям?», «Чи існує баланс між професійним та особистим і чи потрібен він вам?». Це дуже практична книжка зі зрозумілими та дієвими концепціями, яка навчає приймати нові виклики, жити цікаво й насичено.

3 Ден Вальдшмідт «Вийди за межі. Забудь про успіх — стань видатним!»

Ця книжка для тих, хто любить чіткі інструкції та списки. Тут ви знайдете принципи, якими варто керуватися (або хоча б спробувати оцінити їхню корисність для себе), щоб досягати поставлених цілей і рухатись уперед. Книжка дуже енергійна: заряджає і налаштовує на продуктивність та роботу. А ще — переконує, що тільки ви відповідальні за своє життя і лише надзусилля можуть привести до надрезультату.

4 Барбара Шер «Мистецтво мріяти. Як отримати те, чого насправді бажаєш»

5 Барбара Шер «Мрій правильно. Як зрозуміти, чого ти насправді бажаєш і як цього досягти»

Книжки Барбари Шер зовсім і не книжки, а покрокові посібники для методичного і системного виходу зі стану амеби-прокрастинувальниці. Величезна кількість вправ, питань і завдань здатна розворушити будь-кого і змусити подивитися на різноманіття варіантів свого розвитку.

Якщо ви довго перебуваєте у стані «не знаю, чого хочу, і не розумію, як дізнатися», то біжіть за книжками Барбари Шер. Тільки одна умова — робити все, що в них написано. Інакше читати немає сенсу.

6 Даніелла Лапорт «Розпали вогонь! Поради для тих, хто шукає свій шлях»

Зміст книжки відповідає назві — вона дійсно мотивує та надихає. Авторка розкриває джерела нашої внутрішньої енергії і пояснює, що саме наші сильні риси повинні стати основою для самореалізації (раптом ви ще сумніваєтесь). Книжка допомагає зрозуміти, чому не завжди варто гнатися за горезвісним балансом (ми ще потім поговоримо, що з ним не так) і як не просто розпалити в собі вогонь, а й підтримувати його.

7 Мег Джей «Визначні роки. Від 20 до 30. Вмикай на повну та досягай максимуму»

Авторка розмірковує про важливі роки життя — від 20-ти до 30-ти — та як рішення, ухвалені в цей період, впливають на наше майбутнє. Книжка заснована на десятилітній науковій і дослідницькій роботі й містить багато практичних порад і рекомендацій. Із протипоказань: читання трохи підвищує тривожність і бажання терміново щось робити, щоб не згаяти цей найважливіший час. Якщо ви відчуваєте, що трохи розслабились і треба зібратися, — книжка «Визначні роки» вам у поміч.

8 Джулія Кемерон «Шлях митця»

Це книжка про творчість та розкриття своїх талантів. Якщо вам здається, що ви не володієте жодними, авторка переконає вас у протилежному. Ну а якщо ви, навпаки, думаєте про початок творчого шляху, то це точно ваша книжка. У ній багато відомих чи знайомих істин, але написані вони дохідливою мовою і проілюстровані зрозумілими прикладами, що робить їх ближчими і змушує знову згадати про важливе.

9 Клейтон Крістенсен, Джеймс Олворт і Карен Діллон «Як ви збудуєте своє життя?»

Це взагалі одна з моїх найулюбленіших книжок. Мабуть, тому я вже згадувала її в розділі 3 й, можливо, згадаю ще раз, тож будьте до цього готові. Тут описані дві стратегії ефективної поведінки в житті та кар'єрі: 1) коли знаєш, чого хочеш (бери й роби); 2) коли не знаєш, чого хочеш (бери й дізнавайся).

Книжка буде корисною тим, хто поки не розуміє, куди рухатись, і не може сформулювати для себе цілі навіть на найближчий час. А ще вона полегшить страждання і заспокоїть усіх, хто не витримує тиску ідей тотального цілевизначення і постійних досягнень.

10 Олена Рєзанова «Ніколи-небудь. Як вийти з безвиході й віднайти себе»

Книжка з величезною кількістю прикладів та історій звичайних людей, у яких кожен точно зможе побачити себе. Дуже практична, але без зайвого повчання та драми. З простими інструментами, які допоможуть маленькими кроками прийти до життя, що й справді буде надихати, замість жити невтіленими мріями.

Історія № 3

Що робити, якщо з дитинства цікавишся медициною й малюванням? Можна обрати щось одне — і стати або лікарем, або художником. А можна знайти неочікуване поєднання, як зробила Катерина. Для мене її історія — про те, що навіть на перший погляд протилежні захоплення можна поєднати у «своїй» професії. І про те, що кардинальна зміна кар'єри, може, й нелегка, але можлива.

Катерина Зима

Моя мама завжди казала, що я стану лікарем, я росла з цією думкою. У дитинстві в мене був мікроскоп, і я постійно проводила різні досліди у своїй «лабораторії». Людське тіло було і залишається для мене найдивовижнішим механізмом. Я завжди цікавилася, як воно влаштоване, як функціонує, як ми сприймаємо цей світ, звідки береться кров, як наш організм відновлюється і як знає, що йому взагалі потрібно відновлюватись.

А ще мені подобалося малювати, і в підлітковому віці я відвідувала художню школу. Тому коли настав час визначитись зі спеціальністю для вступу, обирала між архітектурою та медициною. На архітектурний я вступила, але туди потрібно було подати оригінали документів іще до складання іспитів у медичному. На дещицю більше мені хотілося вивчати архітектуру, але я забрала свої документи й пішла складати іспити в медичну академію.

З одного боку, це було моє рішення: мене дійсно цікавила медицина. Але зараз розумію, що, можливо, я просто хотіла бути хорошою дівчинкою, не засмучувати маму та втілити в життя її мрію. Бачити мене лікаркою було для неї важливо: коли я таки відмовилась від цієї кар'єри (спойлер), мама не розмовляла зі мною місяць. Тож не робитиму вигляду, що жодного тиску на мій вибір професії не чинили.

Але навчатися мені подобалось — особливо цікавило те, що стосувалося хірургії та нейронауки. Не подобалося тільки, як робота лікаря виглядає в реалі. Оскільки я навчалася на бюджеті, після випуску за мене все вирішила держава: за розподілом я проходила інтернатуру із сімейної медицини у Кривому Розі. І тоді я зрозуміла, що в академії нас навчили не всього. Так, нам розповідали. Так, ми читали книжки. Але як обробити пупкову рану новонародженому, я не знала. І дуже хотіла, щоб хтось був поруч та показав, як це робити. Але нікого не було. Спочатку я потрапила в педіатричне відділення, і за два тижні завідувачка, яка мала би навчати мене, пішла у відпустку й лишила всіх своїх хворих на мене. Це був жах: мені приносять дев'ятимісячного малюка з температурою 40 °C, а я не знаю, що робити, і запитати нема в кого.

Потім були й інші пацієнти. Люди, які відчиняли двері в кабінет ногою і лаяли мою медсестру. Бабусі, яким я не могла допомогти, бо в них не було грошей на лікування. Я могла лише вислухати їх, щоб зменшити бодай емоційну напруженість. Освіта мене до такого не готувала. Нас не вчили заспокоювати людей, працювати з агресією чи виживати на зарплату 80 євро, якої особисто мені вистачало лише на проїзд та обіди. Не вчили, як реагувати на пацієнтів, які завжди вважають себе розумнішими за будь-якого лікаря. Хоч скільки пояснюй матері, що дитині не потрібні антибіотики від вірусної інфекції, яка мине за п'ять днів, якщо відпочивати й пити тепле, вона на п'ятий день прийде задоволена і скаже, що вчора дала дитині антибіотики і сьогодні все минулося.

Якщо лікар виписує величезний список препаратів, то він хороший. А якщо каже людині з гастритом, що їй варто переглянути харчування та менше стресувати, — лікар такий собі. Майже 95 % хвороб можна попередити або зменшити, змінивши спосіб життя, але мало хто бажає правильно харчуватися і займатися спортом. Усі хочуть їсти чипси і не хворіти. І якщо лікар не може цього забезпечити — гріш ціна йому й відповідне ставлення.

Через 9 місяців інтернатури мій хлопець отримав роботу в міжнародній компанії в Амстердамі й запропонував мені переїхати з ним. Я вже тоді розуміла, що бути лікарем, принаймні в Україні, не хочу. Мене взагалі так виснажила робота, що я була рада все кинути й погодилася на переїзд.

Я усвідомлювала, що ставлю хрест на своїй професії, бодай на якийсь час. З українським дипломом годі було й мріяти про роботу в медицині в Західній Європі. Щоб працювати лікарем в Амстердамі, потрібно вчитися заново тут, тобто витратити ще шість років на додачу до вже витрачених восьми. Та й вартість навчання коштувала б мені в 10 разів більше, ніж для жителів Євросоюзу. Я розуміла, такий фінансовий тягар не для мене.

Коли знаєш, що маєш диплом, професію, а потім опиняєшся в умовах, де ти ніхто, — це дуже важко. Нічого не робити, відпочивати й просто насолоджуватися життям в іншій країні я не могла. Мені здавалося неправильним, що я живу для себе й не корисна суспільству. Тривалий час я не могла влаштуватися геть нікуди. Шукала волонтерства, щоб робити бодай щось, але без знання нідерландської мови мене не хотіли брати навіть безоплатно.

Якось я наважилася на цікавий експеримент — практику корінних американських індіанців під назвою Vision Quest, яку радять проходити в період життєвих змін та особистісних криз. Чотири дні в лісі наодинці з природою, без гаджетів, без їжі (лише вода), а остання ніч ще й без сну. Не дивно, що на четвертий день зі мною реально стався цей vision*. У моїй голові чітко пролунало: «Я живу не своїм життям».

Повернувшись в Амстердам, я почала шукати роботу і зрештою влаштувалася на посаду Account Assistant** у фінансовий відділ міжнародної компанії, у якій працював мій хлопець. Це була хороша робота. Коли я ще зашивалася на інтернатурі, мій хлопець міг у робочий час пограти в настільний футбол, а о 18-й піти на пиво з друзями замість думати про пацієнтів. Така робота здавалася мені казковою мрією. Але ця мрія виявилася не моєю. Дні мої стали однаковими, часу й сил не вистачало ні на що. Я перестала чути себе, моє тіло намагалося докричатись до мене психосоматичними хворобами. Я відчувала, що просто продаю свій час за гроші. І хоча багато хто так робить, мені не хотілося працювати тільки заради прибутку. Тож одного дня я звільнилася. Однак цього разу в мене був план.

Після Vision Quest я знову почала малювати, чого не робила ще зі школи, бо у процесі навчання та на інтернатурі часу бракувало катастрофічно. І ось одного прекрасного дня подруга побачила мої роботи й сказала: «Слухай, тобі з такими малюнками варто стати тату-майстром». І я така: «Хм, цікаво!». Мені жодного разу не спадала на думку ця професія, хоча вона об'єднує в собі те, що цікавить мене понад усе, — тіло та мистецтво. Але щойно подруга це сказала, всередині мене щось клацнуло. А ще я зрозуміла, що мені стануть у пригоді і малювання, і знання з медицини.

Навчатися мистецтва тату найкраще в конкретного майстра, а не на курсах чи, боронь боже, онлайн. Знайти татуювальника, який погодився б узяти стажера, виявилося не так

---

* Бачення, видіння.

** Помічниця бухгалтера.

просто. У багатьох салонах їм не раді. Якось я звернулася до дівчини, роботами якої дуже захоплювалась, із проханням навчити мене. Вона відмовила, і тоді я попросила її хоча б зробити мені татуювання. Яким же був мій подив, коли та дівчина наказала мені відвернутися і не дивитися, як вона працює з моїм (!) тілом.

Зрештою я знайшла майстра, приїхала до нього в Україну на два тижні, але втекла на третій день, бо він не дотримувався простих правил гігієни і стерилізував інструменти в... мікрохвильовці. Хоч би якою класною була його техніка, я зрозуміла, що не можу працювати з людиною, яка так грубо порушує санітарно-гігієнічні норми. Втім, мені пощастило знайти іншого майстра, з яким ми виявилися на одній хвилі. Він дозволив мені приходити й спостерігати за його роботою, розповідав і показував, що та як робиться, а згодом був поруч, коли я робила перші татуювання.

Потім я купила машинку й кілька місяців практикувалася сама. Довго не могла наважитись на перші татуювання: мовляв, хто мені довіриться, де я знайду клієнтів, я зіпсую людям шкіру. Але коли дала оголошення, то здивувалася, що охочих було значно більше, ніж я уявляла. Люди ставилися до цього набагато простіше, ніж я. Першим тату, яке я набила одному хлопцеві, став ніж. У нього було багато «партаків», які він із друзями набивали одне одному. Моє татуювання серед решти виглядало дуже професійно. Хлопець не повірив, що я зробила це вперше.

Попрактикувавшись в Україні, я повернулася в Амстердам, де випадкова знайома з курсів нідерландської мови запропонувала мені роботу в тату-салоні.

Я дуже боюсь робити помилки, тому спочатку психологічно було дуже складно. Після перших татуювань снилися жахіття, що я зробила все неправильно і зіпсувала людям шкіру. Звісно, іноді я дійсно помилялася і могла б зробити щось краще, але зараз розумію, що на початку шляху всі припускаються помилок, головне — вміти на них учитися. Насправді за чотири роки в професії ніхто жодного разу не скаржився на мої роботи, навпаки — люди поверталися за татуюваннями, навіть коли я думала, що зробила їм «партак», та хотіла більше ніколи не дивитися їм у вічі.

Це історія про те, що часом ми до себе суворіші, ніж будь-хто: недооцінюємо, критикуємо, сваримо. Протягом першого року мені тільки й здавалося, що в мене руки не з того місця і краще все кинути. Впоратись із цим допомогла безумовна підтримка і віра близьких, робота з психотерапевтом. А ще я продовжувала лупати цю скалу. Коли я не працювала деякий час через травму, то зрозуміла, як мені шалено не вистачає роботи і тієї магії, що виникає, коли голка торкається шкіри.

Зараз я працюю сама на себе. Я рідко розповідаю людям, що маю медичну освіту: здебільшого це викликає лише нерозуміння, що в такому разі я забула в тату-студії. Але моя освіта дійсно мені прислужилася — знання гігієни, дезінфекції, будови шкіри. А ще я жартую, що за емоційним рівнем ця професія іноді навіть перевершує роботу лікаря. Бо часом людина просто обговорює зі мною ескіз, а буває, що ділиться історією, яка привела її до татуювання. І хочеш чи не хочеш, та пропускаю крізь себе чужі радощі й чужий біль, наприклад, коли людина хоче зберегти на шкірі спогади про того, кого вже немає.

Я мрію створити в Амстердамі тату-простір нового формату. Тут більшість тату-салонів маленькі, темні, олдскульні, а мені хочеться відкрити світле й просторе мінімалістичне місце. Вже є майстри, охочі приєднатися до мене, тож я лише чекаю слушного моменту.

Узагалі я від початку мала таке відчуття, що зловила свою хвилю і Всесвіт допомагає мені на цьому шляху, потрібно лише сміливо рухатися вперед. Усе інше ніби само пливло мені до рук — те, як виникла ця ідея, як я випадково знайшла собі наставника, те, що мені не довелося навіть шукати першу роботу.

Дякую Всесвіту, що чув: у моменти сумнівів до мене часто поверталися клієнти. Якось я вчергове міркувала, чи не взятися за щось інше, чи не повернутися в медицину, — аж тут прилетіла дівчина з Фінляндії за ще одним татуюванням. Ми навіть дизайн попередньо не обговорювали, вона просто прилетіла з іншої країни з тотальною довірою до моєї творчості: «Ось моє тіло, малюй». Іноді від такої довіри стає ніяково — така відповідальність. А з іншого боку, коли настільки довіряють, а потім дякують за роботу і радіють результату, — віра в себе повертається.

Частина третя

Якою може бути ваша кар'єра: типи кар'єри й формати роботи

Здебільшого під терміном «кар'єра» ми уявляємо собі ту саму кар'єрну драбину, перший щабель якої — прийти в компанію стажером, а останній — стати її генеральним директором. Таке уявлення про побудову кар'єри настільки вкорінилося в нашу свідомість радянським минулим, фільмами й ЗМІ, що будь-які інші варіанти розвитку подій можуть сприйматися ледь не зневажливо. Дайте п'ять, якщо ваші родичі про кожне місце роботи питають, як швидко там можна стати начальником, а у відповідь на пояснення, що все влаштовано трохи складніше, знизують плечима й кажуть, що то, мабуть, якась неправильна робота.

Сьогодні ми маємо найбільше різноманіття кар'єрних можливостей за всю історію, і з кожним роком їх ставатиме тільки більше. У сучасному світі кар'єра може бути вертикальною, горизонтальною, діагональною й навіть через слеш. Може бути корпоративною або креативною, у проєктному чи віддаленому форматі. Одне слово — будь-якою! І в кожному разі — абсолютно повноцінною.

Залежно від того, що вам зараз цікаво та які ваші пріоритети, ви можете обирати різні кар'єрні траєкторії та формати роботи, підлаштовувати їх під себе, комбінувати чи навіть вигадувати свої. Але щоб побудувати власний маршрут, дізнаймось, які існують дороги.

Класифікація можливостей, яку я наводжу, не є науковою, але це ті типи, види і формати, які найчастіше трапляються мені на практиці та в розмовах із читачами й експертами Happy Monday.

РОЗДІЛ

9

За напрямом кар'єрного розвитку

ВЕРТИКАЛЬНА КАР'ЄРА

Найбільш розповсюджене й класичне уявлення про кар'єру, яке наші батьки називають «нормальною роботою». Цей тип передбачає вертикальне зростання фахівця (той варіант від стажера до генерального директора) — з поступовим підвищенням посад, розширенням кола функціональних обов'язків, збільшенням зони відповідальності та заробітної плати.

Вертикальну кар'єру можна будувати в межах як однієї компанії, так і однієї галузі — змінюючи роботодавців і щоразу влаштовуючись на вищу посаду. Розвиток «нагору» має кілька класичних етапів: спеціаліст → керівник → топменеджер — і обов'язково передбачає управління людьми та координацію роботи команди вже з другого етапу.

Щоб відчувати себе комфортно в такому форматі розвитку кар'єри, потрібно мати (або бути готовим тренувати) лідерські якості й емоційний інтелект, не боятися відповідальності не лише за свою роботу, а й за роботу колективу.

Прикладом класичної вертикальної кар'єри може слугувати одна з героїнь цієї книжки — Наталія Панкратова, історію якої ви ще дізнаєтесь. Після університету Наталія влаштувалась на практику у відділ закупівель дніпровської компанії, що займалася гуртовим продажем електроніки. Згодом вона стала торговою представницею Philips у Дніпрі, потім отримала запрошення на менеджерську посаду в київському офісі бренду, а зрештою доросла до комерційної директорки Philips Україна і керувала процесами продажу в нашій країні, а також у країнах Кавказу та Середньої Азії. Найвищою сходинкою її кар'єрної драбини мала би стати позиція CEO українського представництва. А чи так сталося, як ґадалося — прочитаєте далі в історії Наталії.

ГОРИЗОНТАЛЬНА КАР'ЄРА

Цей тип кар'єрного розвитку передбачає експертний поступ фахівця і його заглиблення у власну функцію. У такому разі ви працюєте над розширенням свого досвіду, вдосконалюєте свої вміння та навички і стаєте незамінним працівником та експертом у своїй сфері. Фахівців, які обрали горизонтальний тип розвитку кар'єри, часто запрошують ділитися досвідом роботи з різноманітними процесами, розповідати про тонкощі й підводні камені професії, навчати інших спеціалістів.

> Горизонтальний формат професійного розвитку наразі є найпопулярнішим в IT-індустрії. Там навіть існує чітка градація фахівців: junior → middle → senior, — яка показує зростання не вгору, а вглиб і означає певний рівень досвідченості й володіння своїм ремеслом.

Це варіант для тих, хто захоплений своєю професією, хоче досконально опанувати її, стати експертом і при цьому не бажає займатися організаційними, адміністративними чи іншими процесами, далекими від самої професії.

Ольга Куликова, з якою ви також іще познайомитесь, працює Java-розробницею понад 5 років. За цей час вона мала багато можливостей зростати до керівних посад: була й scrum-майстринею, і тімлідом. Але попри це їй більше до вподоби поглиблювати свою експертизу в розробці. Тому щоразу, як Ольга розуміла, що організаційних задач стає забагато, свідомо поверталася до розробки і натомість поглиблювала свої знання технологій.

Не всім цікаво чи хочеться керувати, не всі й створені для цього, і це нормально. Комусь цікавіше вдосконалювати свої навички. Горизонтальний тип кар'єри також дуже поширений серед представників креативних професій. Так, копірайтер може вирости вертикально, наприклад, до арт-директора. Але є значно більше прикладів, коли копірайтер, який починав з написання «смачних» текстів з оплатою за тисячу знаків, розвивається до того самого копірайтера, тільки створює тексти для реклами, що здобуває «Каннського лева». І ніхто не має права стверджувати, що, працюючи копірайтером усе життя, ви так і не зробили кар'єри. Киньте в них «Каннським левом», якщо таки скажуть.

Горизонтальною також може називатися кар'єра, яка передбачає зміну функцій, а не рівня посади. Тобто перехід від спеціаліста з маркетингу на відповідного рівня посаду спеціаліста з продажу теж вважатиметься горизонтальним типом кар'єрного розвитку.

ДІАГОНАЛЬНА КАР'ЄРА

Часто як окремий тип виділяють ще діагональну кар'єру, яка передбачає одночасне просування у вертикальному і горизонтальному напрямах. Наприклад, ви хочете просунутись вгору кар'єрною драбиною, але не бажаєте чекати на підвищення у своїй компанії або вона не пропонує вам такої можливості. Тож ви знаходите посаду, яка передбачатиме ширший функціонал та рівень повноважень, в іншій організації.

Олеся працює асистенткою рекрутерки у великій корпорації. Кар'єрний розвиток у її компанії теоретично виглядає так: асистентка рекрутерки → рекрутерка → старша рекрутерка → керівниця відділу рекрутингу. На кожній з посад, згідно з індивідуальним планом розвитку, Олеся має пропрацювати від пів року до кількох років. Але вона хоче пришвидшити свій розвиток і вже на етапі роботи рекрутеркою звільняється з корпорації та влаштовується в стартап. Усе ще рекрутеркою, тож може видатись, що це горизонтальний перехід, але в стартапі Олеся — єдина фахівчиня з рекрутингу, тобто її зона відповідальності й коло обов'язків значно розширилися. До того ж стартап швидко розвивається, і ось уже Олесі знаходять у поміч асистентку, потім кількох рекрутерів, і за два роки вона повноцінно керує відділом рекрутингу.

Діагональна кар'єра в такому виконанні — це можливість пришвидшити свій вертикальний розвиток, бо вважається, що в межах однієї компанії чекати підвищення треба довше, ніж якщо скористатися ринковою можливістю знайти роботу вищого рівня в іншому місці.

Також діагональною кар'єрою вважається і горизонтальний перехід усередині компанії або за її межами — якщо робити його для розширення досвіду і напрацювання навичок, необхідних для наступного вертикального стрибка.

Наприклад, Артем працює спеціалістом з маркетингу в мережі гіпермаркетів і мріє колись стати її директором. Утім, він розуміє, що для досягнення мети йому недостатньо досвіду виключно в маркетингу і, навіть виріcши до посади директора з маркетингу, генеральним він не стане. Тож Артем вирішує зробити горизонтальний перехід на аналогічну посаду у відділ продажу. Згодом його очолює і, як людина з досвідом в обох критично важливих функціях — продажу й маркетингу, — отримує пропозицію долучитися до топменеджменту компанії і стати директором з розвитку мережі. Ну а звідти вже й до генерального недалеко.

Такий варіант розвитку зазвичай обирають амбітні люди, схильні до вертикальної кар'єри, але які при цьому постійно потребують нових викликів і готові часто адаптуватися до нових умов — від колективу й компанії до нового функціоналу чи сфери.

СЛЕШ-КАР'ЄРА

Це коли ви поєднуєте дві роботи чи більше, найчастіше жодним чином не пов'язані одна з одною. В усіх ваших кар'єрах ви розвиваєтесь паралельно і можете досягати визначних успіхів у кожній.

Наприклад, ви фахівець із продажу і працюєте комерційним керівником в організації. Але до того ж добре володієте англійською — настільки, що паралельно співпрацюєте з видавництвами і перекладаєте книжки з англійської на українську. Таке не можна назвати вашим хобі — це повноцінна професійна діяльність, як і робота в продажу. У вас два джерела доходу, і ви керівник комерційного відділу / перекладач — через слеш.

Слеш-кар'єра часто є наслідком хобі, яке настільки вас захопило, що ви опанували його на достатньому для заробітку рівні, але відмовлятися від попередньої професії не збираєтесь. Так, моя знайома працює Software Engineer* у великій компанії і дуже цінує свою роботу, але минулого року вона придбала дрон, почала викладати в соцмережах відео, які сама знімає, і тепер 20 % її прибутку надходить від комерційних замовлень таких відео.

Такий варіант розвитку дозволяє працювати на декількох проєктах одночасно і бути більш фінансово незалежними. Це варіант для тих, хто не готовий відмовитись від жодного зі своїх талантів і водночас має достатньо дисципліни для роботи на двох (а то й більше) роботах без шкоди для власного здоров'я.

Сам термін виник у 2007 році. Його використала журналістка Марсі Албохер у своїй книжці «Одна людина / багато кар'єр» (One Person / Multiple Careers). Історія про те, як їй спало на думку написати про мультикар'єрних людей, дуже цікава й демонструє, якими не пов'язаними між собою можуть бути ваші кар'єрні траєкторії. На одній з конференцій для жінок-юристок Албохер познайомилась із прокуроркою Анжелою Вільямс, асистент якої помилково надіслав організаторам конференції «не ту» біографію для виступу й викрив іншу професію Анжели, яка паралельно працювала... баптистською священницею. Албохер настільки вразила ця історія, що вона почала досліджувати тему слеш-кар'єри і, зрештою, написала про це книжку.

КАР'ЄРИ У ФОРМІ РІЗНИХ ЛІТЕР

Зараз також здобувають популярність нові типи кар'єри, що позначають різними літерами. Вже існує T, I, X і навіть π кар'єра, і я не здивуюся, якщо за кілька років вільних літер узагалі не залишиться.

---

* Інженерка програмного забезпечення.

Така класифікація характеризує не так напрям, у якому розвивається ваша кар'єра, як напрям, у якому ви розвиваєте свої компетенції. А відправною точкою для неї стали… дві палички: | та —.

- *I-shaped кар'єра* передбачає, що ви маєте глибинну експертизу в одній сфері (ось вам і довга паличка), але не виходите за межі своєї вузької спеціальності. Прикладом може слугувати перекладач, який володіє лише однією рідкісною мовою. З одного боку, таких вузьких спеціалістів мало, і їхня праця, відповідно, оплачуватиметься високо. А з іншого — такі фахівці дуже залежні від запиту на свої послуги і не можуть гнучко реагувати на потреби ринку. Наприклад, дизайнер, який спеціалізується виключно на шрифтах, може стати суперекспертом у темі, але потреба в таких фахівцях менша, ніж у дизайнерах ширшого профілю. Зате коли виникає спеціалізоване питання про шрифти, цінність його експертизи величезна.
- *Кар'єра дженераліста.* Позначка «—» передбачає, що ви володієте базовою експертизою в багатьох сферах. Про різницю між дженералістами та спеціалістами дуже класно (хоч і дуже давно — ще в 1960-х) сказав Стенфорд Л. Оптнер, керівник американського дослідницького центру S. L. Optner & Associates, у своїй книжці «Системний аналіз для керування бізнесом» (Systems Analysis for Business Management): *«Згідно з філософом Ральфом Бартоном Перрі, спеціаліста можна визначити як людину, яка з часом знає все більше про все менше, доки не буде знати майже все ні про що. А дженераліст, навпаки, визначається як людина, яка з часом знає все менше про все більше, доки не буде знати майже нічого*

про все». Це, звісно, дуже перебільшено, але загалом так і є. Прикладом дженераліста може слугувати будь-який підприємець. Чесно скажу: я в житті не знала такої кількості різноманітної інформації про десятки, а то й сотні тем і сфер, як знаю зараз, бо цього вимагає від мене керування компанією. Є такі професії і в наймі — наприклад, позиція HR Generalist* передбачає, що фахівець не заглиблюється в жоден з аспектів HR-напряму (рекрутинг, навчання й розвиток співробітників, робота з персоналом / брендом роботодавця тощо), натомість потроху розбирається й виконує певні функції в кожному з них.

- *T-shaped кар'єра* — це поєднання обох типів: кар'єри дженераліста і вузького спеціаліста. Такий варіант передбачає, що ви володієте глибокими експертними знаннями в одній сфері, а на додачу маєте загальне розуміння й базові навички в деяких суміжних сферах. Наприклад, довга паличка від літери Т у редактора онлайн-медіа — це, власне, редакторська справа, а коротка — це його загальна обізнаність у SMM, email-маркетингу, SEO чи таргетингу, навички менеджменту тощо. Спеціалісту, чия кар'єра розвивається у вигляді такої літери, значно легше залишатися конкурентним на ринку праці чи за потреби змінювати фах. Можна сказати, що T-shaped кар'єра — це своєрідна відповідь на запити ринку, який вимагає від нас постійно навчатися й опановувати навички, що, здавалося б, не мають безпосереднього стосунку до нашої основної професії. Наприклад, Вікторія Скічко, з якою ви вже познайомилися в цій книжці, має глибоку експертизу в комунікаціях, але свідомо планує

* HR-фахівець, який виконує геть усі функції з управління персоналом у компанії.

розширювати її суміжними спеціалізаціями (різними видами піару, маркетингом тощо), щоб зрозуміти, як усе це працює в комплексі, і стати, відповідно, більш корисною фахівчинею для будь-якої компанії.

- *X-shaped кар'єра* передбачає, що ви володієте глибинною експертизою в одній сфері (перша паличка літери X), на яку нашаровуються так само розвинуті лідерські навички (друга паличка літери X). При цьому мова не так про вертикальне зростання (коли ви за рахунок своїх лідерських навичок отримуєте вищі посади), як про поєднання експертної кар'єри з організаційною функцією. Типовий приклад X-shaped кар'єри — це людина на позиції тімліда, наприклад, в IT-компанії. Це не той керівник, завдання якого — виключно керувати процесами в команді. Це спеціаліст, заглиблений у справу, але який завдяки своїм лідерським та організаційним навичкам може розширювати коло своїх обов'язків і допомагати налагоджувати процеси роботи в команді.

- *π-shaped кар'єра* передбачає, що ви маєте експертні знання й досвід одразу в двох напрямах (паралельні палички літери π), і при цьому володієте додатковими особистісними / професійними навичками (верхівка літери π), що в підсумку дозволяє вам об'єднувати все це в одній діяльності. Наприклад, уявімо HR-спеціаліста, який має глибоку експертизу в HR-сфері (перша паличка), не менш глибоку — в коучингу (друга паличка), і до того ж має базові навички організації івентів, управління проєктами, адміністрування й комунікації (верхівка літери π). Розуміючи, що все це — його сильні риси, такий спеціаліст може не обмежуватись якимось одним видом діяльності, а поєднати всі свої компетенції в посаду, наприклад, менеджера з навчання й розвитку персоналу.

ЗИГЗАГОПОДІБНА КАР'ЄРА

Якщо ви поки не можете визначитись із тим, у якому кар'єрному напрямі рухатись, і пробуєте себе в різних сферах / професіях / посадах, для цього теж є назва — зигзагоподібна кар'єра, або, як її ще називають, кар'єра багатьох спроб. Це також про вас, якщо ви тривалий час попрацювали в одному напрямі, а потім вирішили кардинально його змінити.

Наприклад, Катерина Зима, з якою ви познайомилися в попередньому розділі, з лікарки перетворилася на тату-майстриню — це і є той зигзаг, яким можна охарактеризувати її кар'єру. Такою ж можна вважати і кар'єру Вікторії Скічко, яка неодноразово змінювала спеціальність, перш ніж зрозуміти, в якому напрямі хоче розвиватися.

Можливо, така кар'єра не матиме вигляду красивої лінії, зате вона відповідатиме вашим потребам і бажанням на поточному етапі життя. І взагалі, пам'ятаєте прогноз футуриста Рохіта Талвара, якого ми згадували у вступі? Він вважає, що в майбутньому люди змінюватимуть до 10 різних кар'єрних напрямів. Тож, здається, зигзагоподібна кар'єра скоро стане найрозповсюдженішим типом професійного розвитку.

У будь-якому разі жоден тип кар'єри не є кращим чи гіршим — вони різні, але всі точно мають право на існування і можуть підійти саме вам. Хоч би який шлях ви обрали, головне, щоб вам було цікаво рухатись ним, це давало користь і задоволення.

РОЗДІЛ 10

За типом організації / індустрії

На те, як розвиватиметься ваша кар'єра, впливатиме не лише напрям розвитку, який ви обрали, а й тип організації чи індустрії, в якій ви працюєте. Так, наприклад, вертикальна кар'єра у креативному агентстві значно відрізнятиметься від вертикальної кар'єри в державній організації.

Ось які варіанти кар'єри я виокремила б за типом організації / індустрії.

Корпоративна. Це професійний розвиток усередині компаній, які ми звикли вважати «традиційними»: з розвинутою організаційною структурою управління, чіткою ієрархією, прописаними й регульованими процесами та взаєминами. Тому такий тип кар'єри підійде тим, хто віддає перевагу системності замість гнучкості, тим, кому важливо дотримуватись правил і працювати в межах зрозумілих процесів. Плюсом тут буде масштабність проєктів та досвіду, який ви можете отримати, а також часто — можливість працювати в міжнародному середовищі. Хоча кар'єрний розвиток може бути прогнозованим, але, на відміну від стартапу, повільним — перескочити через кілька позицій одразу в топменеджмент навряд чи вийде.

Креативна. До фахівців креативних індустрій належать дизайнери, маркетологи, розробники, медійники та ще багато інших представників сучасних професій. Важлива відмінність креативного професійного розвитку — філософія «покажи свою роботу», бо саме наявність творчого продукту — портфоліо, готових проєктів — є ознакою креативних професіоналів. Така кар'єра покликана реалізувати творчі здібності, дати простір для самовираження та створення чогось унікального. Має вона і мінуси: певна нестабільність, необхідність часто захищати свої ідеї та створювати креативний продукт за запитом, а не за покликом музи. Втім, креативна кар'єра може бути дуже різною залежно від компанії й формату зайнятості.

Некомерційна. Мета некомерційних організацій — розв'язувати значущі соціальні проблеми, і така кар'єра дозволяє бути прямо причетним до цих змін. «Ти можеш рятувати людей, але не бути лікарем» — цей слоган проєкту Practicum дуже влучно описує роботу в некомерційному сегменті. Але якщо говорити про роботу в системних та великих міжнародних організаціях (типу UNDP, UNICEF), то варто бути готовим до бюрократії, частих відряджень, майже виключно горизонтального кар'єрного розвитку, великої кількості суворо регламентованих процедур, а також майже завжди проєктної зайнятості, бо працевлаштування зазвичай обмежене в термінах — на 2–3 роки, поки є проєктний бюджет. Хоча навіть після одного такого проєкту ваша цінність на ринку значно підвищується і знайти нову роботу здебільшого не є проблемою.

Державна. Це підвид некомерційної кар'єри, але зі своїми особливостями. Бюрократизм, повільність, плутана структура та мільйон людей, з якими варто погодити будь-яке рішення, найімовірніше, чекають на тих, хто вирішив будувати кар'єру в державній організації. З іншого боку — це також можливість своєю роботою впливати на тисячі, а часом і мільйони людей та творити зміни власноруч. Мабуть, тому такий тип кар'єрного розвитку сьогодні є доволі поширеним, а можливостей долучитися до творення змін у державі — вдосталь.

Стартап-кар'єра. Робота в новостворених організаціях вимагає певної авантюрності й готовності йти на ризик, але водночас дає шанс швидкого розвитку, який просто неможливий в інших сферах. Тут ви не знайдете чітких і налагоджених процесів, ментора, який навчить, як робити правильно, чи необмежених ресурсів для впровадження ваших ідей. Робота в стартапах вимагає кмітливості, вміння приймати рішення швидко і самостійно та видавати максимальний результат за мінімальний бюджет. Але й можливості для розвитку тут чималі: за рік у стартапі ви можете отримати трирічний досвід системної організації. А якщо ваш роботодавець буде серед щасливців, які знайшли своє місце на ринку, то й вирости до бажаної посади чи рівня оплати можна набагато швидше, ніж будь-де.

* * *

Вибір місця, де працювати, щоб реалізовувати свої кар'єрні прагнення, — дуже важливий і має відповідати вашим цілям, інтересам та цінностям у конкретний момент вашого життя. Наприклад, якщо ви прагнете швидкого росту й готові викладатися на 200 % заради унікального досвіду — вам підійде робота в стартапі. А якщо на певному етапі життя вам захочеться стабільності й передбачуваності — ви можете перейти, наприклад, до міжнародної корпорації.

Жоден з видів не є кращим чи гіршим — я тільки хочу нагадати, що вони є і в них можуть спробувати себе представники багатьох професій. Крута кар'єра графічного дизайнера — це необов'язково креативна агенція. Ви можете відповідати за айдентику одного бренду в традиційній компанії, робити соціальні креативи у громадській організації чи змінювати візуальний стиль державних установ. Або взагалі спробувати всі варіанти.

Наприклад, ще одна героїня книжки — Ольга Маслова, історію якої ви незабаром дізнаєтесь, — за свою кар'єру науковиці попрацювала майже в усіх можливих типах організацій. У державній вона була науковою співробітницею НДІ. У корпоративній — заступницею директора з питань науки в комерційній організації. В освітній — викладачкою в приватній та державній школах. У креативній — авторкою книжок, дописувачкою в медіа та радіоведучою.

РОЗДІЛ

11

За форматом роботи

Ми часто уявляємо собі роботу як перебування в офісі з 9-ї до 18-ї і ніяк інакше. У мене є подруга, яка почувається не окей на поточному місці роботи, але не хоче звільнятися, бо щиро переконана, що більше ніде не знайде роботи з можливістю працювати віддалено, оскільки, на її думку, це надзвичайна рідкість. Але форматів роботи сьогодні так само багато, як типів кар'єри чи організацій, вони впроваджуються в більшості компаній і доступні для багатьох професій.

Наприклад, бухгалтер може, звісно, знайти роботу в традиційній компанії на повну зайнятість і нарікати на відсутність гнучкості, а може:

- знайти організацію, де працюватиме віддалено;
- влаштуватися, приміром, у стартап і допомагати йому вести бухгалтерію у форматі неповної зайнятості;
- співпрацювати з компанією, яка живе за гнучким графіком (наприклад, більшість IT- чи креативних компаній);
- працювати фрилансером і виконувати разові бухгалтерські завдання для різних клієнтів;

- змінювати короткотривалі проєкти — наприклад, попрацювати з бухгалтерією на проєкті будівництва нового житлового комплексу, а потім налагодити ведення рахунків для щойно створеного ресторану;
- взагалі не працювати в наймі, а надавати консультаційні послуги, читати лекції та тренінги або відкрити власну бухгалтерську фірму.

І щоб будувати кар'єру так, як комфортно вам, варто пам'ятати про наявність різних можливостей, досліджувати, які з них прийнятні для вашої діяльності, та не боятися шукати ті умови, які влаштують вас максимально.

ПОВНИЙ РОБОЧИЙ ДЕНЬ

Це традиційний формат роботи — 8 годин на день і 40 годин на тиждень. Здебільшого він передбачає тривалі робочі відносини між працівником і компанією, зазвичай необмежені в часі — коли ви займаєте певну позицію у структурі організації і маєте конкретні обов'язки. Цей формат підходить тим, для кого важливо мати чітко визначений графік, тримати дистанцію між роботою й іншими сферами життя. Також у ньому працюють люди, чия робота має прив'язку до часу — наприклад, фахівці служби підтримки. Хоча, звісно, й фрилансер може працювати повний робочий день.

Традиційно повний робочий день проходить в офісі, фіксується в часі, але за останні роки набирають популярності такі його варіації, як віддалена робота і гнучкий графік.

- **Віддалена робота** — це такий само формат співпраці з компанією, як і повний робочий день, тільки ви працюєте з іншого міста, країни чи просто з дому. Для роботодавця, який обирає такий формат, більше важить результат, а не процес роботи. Віддалена робота підходить тим, хто не готовий переїжджати зі свого населеного пункту, але не хоче обмежувати ним свої професійні можливості. Сьогодні багато фахівців з невеликих міст працюють віддалено на київські компанії і в такий спосіб отримують більше можливостей для навчання і розвитку, ніж пропонує їхнє місто. Також це зручний формат для батьків у декреті або людей, які віддають перевагу мінімальному спілкуванню з колегами.

- **Гнучкий графік.** Це теж варіація повної зайнятості — ті ж 8 годин на день / 40 годин на тиждень, але не закріплені в часі, тобто ви можете відпрацювати будь-які 8 годин упродовж дня — неважливо, з 6-ї ранку до обіду чи за кілька підходів по 2–3 години. Працювати за гнучким графіком можна як удома, так і в офісі. Я знаю компанію, яка на столі в кожного співробітника поставила спеціальний годинник. Почати відлік часу можна в будь-який момент, дозволено також зупинити його на необмежену перерву, головне — щоб у кінці дня годинник нарахував 8 відпрацьованих годин. Це класно для тих, кому складно працювати в звичному режимі, бо, наприклад, ви точно знаєте, що ваші найпродуктивніші години — з 7-ї до 11-ї ранку. Або ви хочете побути з дітьми з 16-ї до 19-ї, але ввечері готові ще 3–4 години плідно попрацювати.

НЕПОВНИЙ РОБОЧИЙ ДЕНЬ

Це формат, який передбачає зайнятість менше 8 годин на день. Наприклад, якщо у компанії немає 100 % навантаження для фахівця і задачі можна виконати за 4 години, вона може найняти людину на неповний робочий день / тиждень і оплачувати їй певний відсоток від ставки за повну зайнятість.

Такий формат ідеальний для старту кар'єри — коли вам ще треба вчитися, але й досвід напрацьовувати вже час. Або для батьків після декретної відпустки — коли хочеться повернутися до професійного середовища, але дитина ще вимагає багато часу й уваги. Якщо вам цікаво спробувати себе у слеш-кар'єрі, то неповна зайнятість на одній з ваших робіт стане чудовим варіантом.

ФРИЛАНС

Фриланс — це виконання певного виду роботи, яке оплачується разово. Такий формат здебільшого орієнтований на закриття конкретних задач замовника і не передбачає тривалої співпраці.

Таку зайнятість обирають фахівці, які хочуть самі планувати свій час, графік, навантаження і відповідати за результати виключно своєї роботи, а не залежати від інших. Як фрилансер, ви можете працювати звідки завгодно з десятками клієнтів з усього світу.

ПРОЄКТНА ЗАЙНЯТІСТЬ

Працювати проєктно можна як в офісі компанії, так і віддалено, головне — виконувати завдання, яке має конкретний дедлайн і конкретний бажаний результат. Наприклад, компанія готує конференцію і шукає івент-менеджера для її організації терміном на 10 місяців. Це також розповсюджений формат роботи в міжнародних організаціях. Приміром, якщо організація отримує грант на проєкт з модернізації музеїв на 3 роки, то для реалізації його цілей та задач підберуть спеціальну команду з трирічними контрактами.

Це, певно, мій улюблений формат — я присвятила йому 2 роки свого життя. Обожнюю його за свободу організації власного графіка і роботи, чітко визначені цілі й обмеження в часі та змогу побачити кінцевий результат. А ще — за те, що після завершення проєкту можна спокійно рухатись далі. Такий формат ідеальний для тих, кого мотивує постійно занурюватися в різні сфери й задачі та досягати в них конкретних результатів. Бо проєктна зайнятість — це 100 % про результат, а не про процес.

Майте на увазі, що форматів роботи насправді ще більше. Якось ми писали на Happy Monday статтю про те, як працюють українці, й самі здивувалися, якими різноманітними можуть бути варіанти. Хтось працює позмінно, хтось має вихідний у п'ятницю, а натомість працює в неділю. А хтось узагалі знайшов собі роботу вночі, бо значно продуктивніший увечері, ніж зранку. Комусь для підлаштування графіка під себе знадобилося перейти на фриланс, у самозайнятість чи відкрити власний бізнес, а хтось знайшов роботу за нестандартним графіком у наймі. Головне — пам'ятати, що можливостей знайти формат, що вам підходитиме, набагато більше, ніж здається на перший погляд.

РОЗДІЛ 12

Кар'єра поза наймом

За всього різноманіття можливих кар'єрних траєкторій я доволі часто натикаюсь на думку, що вінцем будь-якої кар'єри має бути вихід з найму і **створення власного бізнесу**. Ох, скільки життів помотлошила ця настанова!

Свій бізнес багато хто уявляє як 100 % гнучкість і необмеженість доходу. Про гнучкість є такий підприємницький жарт (дуже, втім, близький до реальності): «Гнучкість власного бізнесу — це можливість обирати, які саме 20 годин на добу працювати». А що стосується рівня доходів: дійсно, можливість заробляти більше — найпоширеніший аргумент на користь запуску власного бізнесу. Але наведу два приклади, які мене зачепили і, можливо, зачеплять вас.

Перший — із книжки підприємиці Ольги Гуцал «Якщо стрибнули, то гребіть». Авторка на прикладі багатьох бізнесів, які вона запускала сама або за розвитком яких спостерігала, робить висновок, що немовлячий вік бізнесу (коли він потребує вашої тотальної уваги і майже нічого не віддає натомість) триває в середньому 4 роки. Дуже рідко цей період триває менше, зате досить часто — довше.

Другий приклад — з інтерв'ю співзасновника «Нова Пошта» В'ячеслава Клімова, який розказав, що перший прибуток компанія отримала за 6 (!) років після заснування. Сам В'ячеслав отримав першу зарплату за рік-півтора, і її вистачало на те, аби не померти з голоду, бо навіть оренду квартири певний час оплачувала його дружина.

Ми всі любимо читати історії успіху і хочемо, щоб їхнім героям усе давалося легко. Бац! — і на ранок прокинувся успішним підприємцем. Але так майже ніколи не стається. Тож якщо розглядати власний бізнес як кар'єру, то, на мою думку, це найгірший тип кар'єри: ви призупиняєте свій експертний розвиток, відкладаєте вертикальне зростання та, ймовірно, на певний час втрачаєте у прибутках. Є лише один випадок, коли справді варто створювати власний бізнес, — коли ви не можете його не створити.

Утім, для тих, хто не хоче працювати в наймі, але розуміє, що не готовий до власного бізнесу, існує проміжний варіант — **самозайнятість**. Це формат, у якому незалежний експерт продає свої професійні навички. Трохи схоже на фриланс, який я вже згадувала, але різниця є.

Зазвичай під фрилансом мається на увазі виконання певної роботи за запитом, коли замовник обирає серед кількох можливих виконавців. Здебільшого це відбувається на спеціальних платформах на кшталт UpWork. А самозайнятість ще називають незалежною професійною діяльністю — це більш експертна позиція, коли клієнти потребують вашої унікальної експертизи та першопочатково хочуть працювати саме з вами.

Мене оточує велика кількість самозайнятих професіоналів — людей, у яких я впевнена і до послуг яких постійно звертаюсь. Це моя викладачка англійської мови, моя психотерапевтка, наш фотограф, якого ми в Happy

Monday запрошуємо, коли треба зробити фотосесію в офісі клієнта, наші позаштатні журналісти. Самозайнятість — це також формат роботи письменників, тренерів, блогерів, консультантів, деяких викладачів.

Самозайнятість можна одразу обрати як основний формат своєї діяльності — наприклад, вивчитися на психотерапевта і відкрити власний кабінет. А іноді це може стати логічним етапом вашої кар'єри після років роботи й напрацювання досвіду в інших форматах. Наприклад, ми в Happy Monday співпрацюємо з багатьма кар'єрними консультантами. Більшість з них тривалий час працювали в наймі як HR-спеціалісти чи рекрутери, але на певному етапі свого розвитку зрозуміли, що мають достатньо досвіду, навичок, глибокого розуміння ринку праці й людей, аби піти у вільне плавання і зайнятися незалежним кар'єрним консультуванням.

У форматі самозайнятості ви залишаєте за собою гнучкість і можливість самостійно обирати, де, з ким і коли працювати. Але при цьому вам не треба розбиратися в силі-силенній нових процесів і перейматися підбором команди та виплатою їй зарплати. З іншого боку — у власному бізнесі ви можете вибудувати систему, яка працюватиме (в ідеалі в прибуток) і без вас, а от у самозайнятих професіоналів так не вийде: хто не працює, той не їсть. Утім, якщо ви готові розвивати свою унікальну експертизу і працювати над особистим брендом, верхньої межі розвитку й доходу в такого формату немає.

* * *

Як бачите, варіантів побудови кар'єри і форматів роботи досить багато: деякі більш зрозумілі й розповсюджені, а деякі (як-от π-shaped кар'єра) з'являються, поки ви читаєте цю книжку.

Згадаймо найперший принцип розвитку кар'єри: обирати не професію, а стиль життя. Якщо вас щось не влаштовує в роботі, справа не завжди може бути у фаху як такому. Можливо, вам не підходить тип компанії, формат зайнятості, графік чи оточення — те, що не стосується безпосередньо професії, але впливає на те, який вигляд має ваша щоденна діяльність. Іноді достатньо лише трохи змінити один з аспектів роботи, і все стає на свої місця.

Пам'ятайте, що вам завжди є з чого обирати. Головне — під час вибору орієнтуватися на особисті якості й потреби та шукати роботу, що якнайкраще реалізовуватиме ваш потенціал у цей момент. Ми й досі часто вважаємо, що таке гнучке ставлення до кар'єри — це відхилення від норми. Але норма рухлива. Я впевнена, що за кілька років цей розділ можна буде доповнити ще десятком типів кар'єри, і, можливо, деякі з них на власному досвіді сформуєте саме ви.

Історія № 4

Денис у рекламі понад 15 років. Пройшов шлях від копірайтера до креативного директора, працював з відомими брендами, отримував нагороди. Тривалий час його переслідувала нав'язлива думка: «Чи не відкрити щось своє?». Зрештою, Денис отримав такий шанс, але власний бізнес не виправдав його сподівань. Для мене ця історія — про те, що кар'єра досягає свого піку тоді, коли ми отримуємо задоволення від роботи, а не тоді, коли намагаємось відповідати чиїмось очікуванням.

Денис Келеберденко

Узагалі я бухгалтер, маю економічну освіту. Втім, за спеціальністю не працював жодного дня — не лежала душа. Мені завжди хотілося займатися рекламою, але шлях до неї був доволі звивистим. У 1990-х я продавав сухе молоко й консервований перець, бо тоді заробляти особливо було нічим, окрім як щось продавати. Потім обрав дизайн — спочатку верстав телепрограму в газеті, згодом перейшов до рекламної агенції, де розробляв макети візитівок, бланків та реклами в газетах. Коли з'явилося таке поняття, як вебдизайн, почав створювати сайти. Але думка про роботу безпосередньо в рекламі мене не полишала.

Якщо зараз в Україні є багато локальних агентств, то в ті часи єдиним пропуском у професію була робота в мережевій рекламній агенції на кшталт Ógilvy, McCann, Bates, D'Arcy тощо. Мені дуже хотілося туди потрапити. Я надсилав їм резюме з вигаданими кейсами в портфоліо — придумував сценарії для неіснуючих брендів. Чесно зізнавався, що не маю досвіду, і просив узяти мене бодай на стажування. Але ніхто не брав.

Років за п'ять (!) безуспішних спроб пробитися у світ великої реклами мені вдалося потрапити молодшим копірайтером в Ógilvy. Моє портфоліо на той час складалося з власних текстів, які я публікував у «Живому журналі», — якась мікропроза, каламбури, невеликі нариси тощо.

Два роки я писав різні дрібниці на кшталт текстів для листків-вкладок у пачки цигарок, які людина, щойно відкриє пачку, одразу викидає у смітник. Зате добре набив руку, бо якості текстів приділялося багато уваги, навіть якщо їх ніхто не читав. Зрештою я відчув, що маю достатньо досвіду, аби мені дозволили знімати ролики. Звісно, ніхто не дозволив, тож агенцію довелося змінити, дуже прикрасивши те, чим я займався попередні 2 роки. Мене взяли до McCann, де ми з командою робили рекламу для великого українського мобільного оператора.

Після McCann я кілька разів змінював агенції без якогось кар'єрного зростання, поки мені не запропонували посаду креативного директора в невеликому діджитал-агентстві. Тоді вони тільки-но почали з'являтися, цифровий ринок стрімко розвивався, кадрів бракувало.

Із часом мене почала переслідувати думка: «А що, як і самому відкрити власну агенцію?». Мені це здавалося доволі легкою справою. Я мав досвід і впізнаваність на ринку. Розумів, як усе має відбуватися: як потрапити в пул підрядників клієнта, як виграти тендер, що потрібно для виконання роботи, за яку замовники платитимуть гроші. Тож, зрештою, наважився — і разом із двома партнерами ми відкрили власний бізнес.

Я уявляв, як замовлення потечуть рікою і я буду відповідати за їхнє креативне виконання. Але й гадки не мав, що 80 % часу в мене займатиме не творчість, а розв'язання адміністративних питань. Доводилося самостійно шукати підрядників, платити їм зарплати, сплачувати оренду, закуповувати в офіс канцелярію і навіть туалетний папір. У великих компаніях цим займаються окремі люди чи навіть відділи, але коли вас усього троє, то хоч-не-хоч — довелося робити те, на що не розраховував і що потроху почало дратувати.

Перший рік було ще весело й на ентузіазмі: ми вигравали клієнтів, росли, отримували перші гроші й раділи з цього. Втім, у цієї медалі був і зворотний бік: багато клієнтів працювали за післяплатою й часом за виконану роботу платили аж через пів року. Доводилося постійно щось придумувати, аби в агенції завжди були «живі» гроші. Потрібно було розв'язувати багато серйозних проблем і питань, а мені цього не хотілося. Хотілося займатися тільки творчим процесом.

У мені почало накопичуватися страшенне невдоволення — собою і тим, чим я займався. Накладалися ще й очікування від мене як від чоловіка: маєш ні від кого не залежати, працювати на себе й багато заробляти. А інформаційне поле звідусіль транслює, що власники бізнесу заробляють більше, бо що отримають — усе їхнє. Але мало хто говорить про те, що можна нічого не заробити й нічого не отримати. Я звинувачував себе: мовляв, в інших усе виходить, чому ж у мене — ні.

Коли в тебе свій бізнес, завжди маєш справу з різними непереборними силами й обставинами. Я не хотів постійно боротися, а головне — не розумів навіщо. Навіщо витрачати свій час та енергію на те, що тільки забирає ресурс і нічого не повертає назад?

Я перестав почуватися щасливим на роботі, й одного дня просто вибухнув. Сказав партнерам, що кидаю агенцію, бо в нас нічого не виходить. Вони не стали продовжувати роботу без мене, і так наш бізнес перестав існувати. Не минулося без скандалів та образ, хоча згодом ми помирилися, а за пів року навіть знову працювали разом — але вже у наймі.

Я прийняв рішення на емоціях, але потім багато рефлексував і дійшов висновку, що це обов'язково сталося б рано чи пізно. Бо важливіше займатися тим, що дарує задоволення, що вмієш, що виходить. А не тим, що від тебе очікують інші. Інакше кайфувати не вийде.

Роботу я навіть не шукав: уже за кілька місяців колеги, з якими я працював у попередніх агентствах, запросили мене до себе, і зараз я креативний директор агенції BBDO. Займаюся тим, що подобається, а голова моя при цьому не болить від речей, на які я не можу й не хочу впливати. Наприклад, від взаємин із податковою чи від закупівлі туалетного паперу.

Звісно, мій досвід мав і свої плюси. Найголовніший — я більше не гаю часу на роздуми, чи не відкрити мені свій бізнес. Ні, не відкрити, поїхали далі. Нав'язлива ідея випарувалася, і тепер мозок став більше думати про продуктивніші речі. Я також поглибив своє розуміння того, як працює будь-яка компанія, і це, беззаперечно, допомагає мені зараз у роботі. А ще власний бізнес прокачує емпатію і навички взаємодії та управління людьми, що дуже корисно, хоч би де працював.

Мені здається, що в підприємництво варто йти тоді, коли на першому місці стоїть не задоволення від самого факту роботи, а бажаний заробіток, задля якого ти готовий гарувати попри все. Якщо ж хочете займатися тим, що подобається, й отримувати від цього, окрім грошей, ще й задоволення, краще знайти компанію, з якою збігатимуться місії, цінності, підходи і яка забезпечить вам необхідні умови для розвитку. Власний бізнес необов'язково має бути вершиною кар'єри, цього піку цілком можливо досягти й у наймі.

Частина четверта

Як рухати свою кар'єру вперед: навички та інструменти для кар'єрного розвитку

Як ви уявляєте собі «кар'єрне просування»? Дуже часто зусилля з розвитку своєї кар'єри обмежуються зміною місць роботи і проханнями про підвищення (і це ще добре, якщо проханнями, а не пасивним очікуванням).

Але свій кар'єрний розвиток можна пришвидшити за допомогою інших інструментів — можливо, менш очевидних, але не менш дієвих. Якщо ви систематично їх використовуватимете в роботі над власною кар'єрою, новий проєкт, посада чи робота стануть логічними наслідками ваших зусиль.

Але почати я хочу не з інструментів, а з якостей, що їх я, як керівниця, хочу бачити у своїх співробітниках і які, з мого досвіду, притаманні людям, котрі будують надихаючі кар'єри.

Перше і, відверто кажучи, найголовніше особисто для мене — це **небайдужість і залученість**. Я переконана і не раз повторювала це на сторінках книжки, що цікавість і навіть пристрасть до своєї справи (хай як пафосно це звучить) — не примха, а інструмент кар'єрного розвитку.

Я знаю хлопця-програміста, дуже класного і відповідального спеціаліста, який не зробить ні на йоту більше того, що вимагає від нього посадова інструкція. Щодня о 18-й він вимикає ноутбук і йде з роботи, навіть якщо вся команда лишається, щоб загасити раптову пожежу (в переносному сенсі, але боюся, що з реальною пожежею трапилось би так само). На регулярних фідбек-сесіях йому всіляко натякають, що чекають від нього більшої залученості, ініціативності, пропозицій, а він не може зрозуміти, чого до нього всі вчепилися — він добре виконує свою роботу. Думаю, ви не здивуєтесь, що за три роки в професії і два місця роботи він і досі перебуває на тому ж професійному рівні.

Сьогодні добре виконувати свою роботу — недостатньо, якщо ви хочете чогось досягти. Світ змінюється буквально на очах, ми змушені бути залученими, аби бодай залишатися в тренді. А щоб рости, потрібно докладати ще більших зусиль. Тільки люди, які готові заглиблюватися й робити більше, зможуть будувати класну кар'єру й бути на голову вищими за інших.

Я поважаю потребу розмежовувати робочий та особистий час, але закрити ноутбук, коли все «палає», — це катастрофа. Це означає, що людині нецікаво, її не драйвить, їй байдуже. Кожен керівник і тим паче власник бізнесу хоче, аби співробітник переймався спільною справою. Я не вимагаю, щоб він сидів до півночі, але чекаю, що він затримається бодай на 10 хвилин, щоб допомогти, бо йому не все одно. Хай наступного разу піде раніше, коли не «палатиме» — не проблема.

Людину, яка працює за чітко визначеним алгоритмом, мало що відрізняє від рóбота. Це вже не той підхід, з яким можна досягти успіху. Що рухає вас уперед? Залученість, уміння знайти нестандартне рішення, готовність пробувати нове й виходити за межі, зокрема й власні. Просто добре виконувати свою роботу більше недостатньо — це те, що скоро робитимуть за нас машини. Якщо ви хочете бути дійсно затребуваним спеціалістом, маєте демонструвати свій інтерес, залученість і бути ініціативним.

З власного досвіду скажу: найактивніше людина розвивається професійно, коли знаходить мотивацію і зацікавленість у чомусь більшому, ніж у собі. Коли питає не «Що мені за це буде? Скільки я за це отримаю?», а «Що я можу зробити, щоб бізнес виріс, щоб про нього дізналися, щоб користувачам було зручніше?».

Знайомий керівник поділився зі мною досвідом звільнення людини під час карантину. Не поспішайте звинувачувати його в безсердечності. Справа в тім, що через пандемію послуги цієї компанії виявилися геть не затребуваними, тому керівник ухвалив рішення на час карантину видозмінити профіль роботи, щоб зберегти команду. Але один з її співробітників висунув умову: він виконуватиме нові обов'язки лише за додаткову оплату. Тобто не маючи фактичних обсягів роботи через карантин, він вимагав платити йому більше. Що мав робити керівник, який щосили намагався не звільнити всіх для оптимізації витрат і сподівався на розуміння? І що чекатиме на такого співробітника в майбутньому, якщо його цікавить лише власний зиск?

Мої найбільші досягнення під час роботи в AIESEC сталися тоді, коли я взагалі не думала про себе: що волонтерю замість заробляти гроші, що засиділась у студентській організації. Я думала тільки про те, що це крута можливість для молоді. І якщо я можу бути тим інструментом, завдяки якому вони про неї дізнаються, отримають перший досвід, поїдуть за кордон, прокачають себе, — то я не можу цим не займатись. І в момент, коли розумієш, що не можеш чогось не робити, починається шалене професійне зростання.

Друга штука, на яку я звертаю увагу як керівниця, — це **проактивність і готовність брати на себе відповідальність.** Можливо, я відкрию вам велику таємницю, але ось як насправді заслужити на підвищення: робити більше. Спочатку ви демонструєте, що готові до нових висот, а потім вас підвищують. Я маю побачити, що людина на це здатна, що в неї виходить, що їй цікаво. Відповідальність не дають, її беруть.

Якщо я бачу потенціал, я можу спробувати «підкинути» людині якісь проєкти, розширити спектр її обов'язків. Але якщо вона не захоче виходити із зони комфорту, не захоче рости — отже, мій експеримент провалився, і людина не готова брати на себе більше. А навіщо тоді її підвищувати?

Якось під час підготовки нашою компанією великого й важливого івенту його головна організаторка за сімейними обставинами випала з процесу. Часу наймати когось іншого не було, тож я запропонувала довести справу до кінця співробітниці, яка до того не працювала з подіями такого масштабу. Вона могла відмовитись, і я це зрозуміла б: потрібно було робити багато й «на вчора». Але вона погодилась, зі шкури пнулася і провела івент на найвищому рівні. Вгадайте, хто організовував наступну нашу подію?

Мені також важливо, щоб у людини була **власна думка й сміливість її висловити**. Не впевнена, що це властиво всім роботодавцям, але особисто я дуже ціную, коли зі мною не погоджуються. Проте сперечаються не просто від упертості чи неповаги, а тому, що мають інше бачення і можуть його аргументувати. Наявність власної думки замість сліпого підпорядкування — те, що справді просуває кар'єрною драбиною. Іноді страшно йти наперекір думці керівництва — мовляв, хто я такий / така, сказали зробити, я зробив / зробила, навіщо висовуватись. Але ця здатність делікатно висовуватись багато важить для розвитку й кар'єрного зростання.

Наостанок хочу підкреслити, наскільки важлива ще одна якість — **готовність постійно навчатися**. Як і у випадку пристрасті й залученості, це не новомодний тренд, а реальна необхідність. Сучасний світ постійно змінюється — з'являються нові професії та технології, і те, що ще вчора було новітньою розробкою, вже завтра може виявитися застарілим. SMM-ника, який пропустив появу TikTok чи Clubhouse, навряд чи можна вважати цінним спеціалістом.

Я маю три поради, як інтегрувати lifelong learning у ваше життя.

1. Виокремлювати час для професійного навчання: відвідувати заходи з обміну досвідом, слухати лекції експертів у своїй галузі, проходити курси, тренінги, довготермінові програми. До речі, зараз деякі компанії дозволяють своїм працівникам навчатися в робочі години. Вперше такий кейс я побачила в одній малайзійській компанії, керівники якої розповідали, що в них 35+5 робочих годин на тиждень, 35 з яких люди працюють, а 5 — присвячують професійному розвитку та навчанню. Також поширеною стає практика, коли компанії асигнують додаткові кошти на навчання своїх співробітників.

2. Створити навколо себе корисне інформаційне поле, що складатиметься з професійних ЗМІ, соцмереж та лідерів думок, які задають тренди у вашій сфері. Бо концепція lifelong learning — не лише про навчання у класичному вигляді, а про вміння побудувати своє життя так, аби щодня отримувати нові знання з різних джерел.

3. Опановувати знання і навички, які на перший погляд не пов'язані з вашою професією. Усе, що розширює світогляд людини, допомагає їй бути ефективнішою та креативнішою. До того ж зараз з'являється багато нових професій на стику сфер, тож ніколи не знаєш, коли досвід з інших галузей може стати в пригоді.

Уміння вчитися протягом життя потрібне представникам абсолютно всіх професій на всіх етапах їхнього розвитку. Які ще інструменти допоможуть рухати вашу кар'єру вперед, поговорімо про це далі.

РОЗДІЛ 13

Кар'єрний план

Ми невипадково розпочинаємо з кар'єрного плану. Бо саме з нього має починатися і ваша системна робота над власним професійним розвитком.

Кар'єрний план — це інструмент досягнення професійних цілей, який допомагає зрозуміти та зафіксувати свою кар'єрну мету й визначити методи її досягнення.

Якщо вам здається, що кар'єра — це не те, що можна спланувати, а те, як саме собою складається ваше професійне життя, — ви неуважно читали попередні розділи. Підхід «хай буде, що буде» залишився в минулому. Плисти за течією й чекати, що вас помітять, оцінять, запропонують, попросять, підвищать, — програшна стратегія, хоч і не буду стверджувати, що дива не трапляються. Але ж ви пам'ятаєте: механізмом, що керує вашою кар'єрою, має бути тільки ви.

Розкажу вам один зі своїх улюблених анекдотів. Один чоловік дуже хотів виграти в лотерею. Щодня він молився Богові й просив послати йому виграш. За кілька місяців регулярних молитов він укотре опустився на коліна й звернувся до Бога: «Господи! Ну дай же мені виграти!

Хіба тобі важко? Всі навколо виграють, окрім мене!». Раптом він почув голос Божий: «То купи вже нарешті лотерейний білет!».

Так от, кар'єрний план — це ваш лотерейний білет. Не буквально, звісно, — це радше красива метафора. Людина, яка має кар'єрний план і діє згідно з ним, бере відповідальність за побудову й розвиток своєї кар'єри. Не чекає, поки Всесвіт пошле їй знак, допоможе визначитись чи винагородить за старанність, — а сама визначає мету, засоби її досягнення та бажані результати.

Кар'єру потрібно планувати. Без плану ви можете безсистемно змінювати роботи й ніде не почуватися на своєму місці. Брати проєкти, які вам не подобаються і не наближають вас до мети. Та й мети у вас може не бути.

Уявімо двох копірайтерок, які працюють в одному піарагентстві, — Наталю й Машу. Наталя має кар'єрний план і мету — відкрити власну агенцію з неймінгу. Маша не має плану й мети. Вона просто працює, відчепіться від неї.

Наталі, згідно з планом, потрібно отримати якомога більше досвіду, тому якщо в неї є вибір, вона обирає проєкти, де можна попрацювати над неймінгом. Наталя також знає, що їй бракує вміння системніше дивитися на проблему клієнта, тому паралельно вона навчається на курсі креативної стратегії. На майбутнє знайомиться й підтримує зв'язки з усіма клієнтами, з якими працює. Наталя також знає, що перш ніж відкривати власну агенцію, їй потрібен управлінський досвід, тому вона починає брати на себе не лише копірайтерські, а й менеджерські задачі та згодом подається на вакансію арт-директора з командою в 10 осіб. А ще Наталя відкладає стартовий капітал.

Маша тим часом працює. Добре працює. Вона береться за будь-які проєкти, щоб продемонструвати свою сумлінність. Коли в агенції не вистачає SMM-ника, Маша підхоплює цю роботу й поєднує дві посади — трошки копірайтить, трошки есемемить, їй не важко. Хоча ні, важко — Маша втомлюється, вигорає й звільняється. Їй здається, що просто з компанією не пощастило, а зараз вона швидко знайде нову роботу як SMM-ниця або копірайтерка. На співбесіді в нову компанію в Маші питають, чи не буде вона проти займатися SMM, писати статті на сайт, а ще відповідати на клієнтські заявки і час від часу організовувати події. Маша не проти, їй не складно.

За п'ять років Наталя відкриває власну агенцію з неймінгу. А Маша тільки починає замислюватись, чи тим вона в житті займається, чого прагне і куди рухається.

Без бачення своєї кар'єри ви рано чи пізно зайдете в глухий кут і змушені будете питати себе, навіщо робите те, що робите. Найімовірніше, це забере у вас багато часу, душевних та фізичних сил. Підготовка кар'єрного плану дозволить зекономити дорогоцінні ресурси й наблизити бажаний результат.

Щоб використовувати цей інструмент, не можна бути недостатньо або занадто досвідченим. Початківцям він допоможе зробити перші кроки в професії, професіоналам — органічно рости далі, світчерам — зробити кар'єрний перехід. Хоч би ким ви були, хоч би скільки досвіду мали — якщо плануєте робити крок уперед, потрібен план.

Правильно складений кар'єрний план допомагає:

- тримати фокус уваги на своїх цілях;
- дотримуватись конкретних дій для їх досягнення;

- бачити зони росту;
- вимірювати прогрес;
- коригувати свої дії за потреби.

З чого складається кар'єрний план

Дві найголовніші складові кар'єрного плану — це:

- **мета**, тобто чого саме ви хочете досягти;
- **план дій**, тобто як ви цього досягнете.

Необов'язково відразу складати деталізований план ~~захоплення світу~~ розвитку. Найперше — визначтесь із цими двома пунктами, а потім доповнюйте.

Щоб сформулювати мету, подумайте, якою бачите свою кар'єру за кілька років. Для цього можете повернутися до вправ із частини другої «Як обрати діяльність, що вам підходить». Будьте чесні із собою і напишіть, чого ви дійсно хочете від своєї кар'єри. Тільки не зазирайте надто далеко в майбутнє — пам'ятайте про оптимальний горизонт планування у 2–3 роки.

Щоб розробити план дій, на основі глобального бачення мети пропишіть короткочасні цілі — ваші особисті сходинки до кінцевої мети. Найкраще для цього підійде методика формулювання SMART: цілі мають бути Specific — конкретними, Measurable — вимірюваними, Achievable — такими, що реально досягти, Relevant — значущими для вашої мети, Time bound — обмеженими в часі. Наприклад, мета «отримати підвищення» сформульована так собі. Натомість «Отримати підвищення до посади старшого стратега із зарплатою не менше за тисячу доларів до кінця наступного року» — дуже навіть SMART.

А ще обов'язково пропишіть критерії успіху для кожної короткочасної цілі — як ви зрозумієте, що досягли її. Уявімо, що ваша мета — прокачати свої менеджерські навички. Як ви перевірите, що готові керувати іншими? Наприклад, ви можете попрацювати менеджером на волонтерському проєкті. Або для початку взяти асистента й перевірити, чи впораєтесь із керуванням однією людиною.

Складаючи план дій, ви можете обмежитися сходинками, які безпосередньо ведуть вас до мети, наприклад: знайти роботу менеджером із продажу → стати найкращим за результатами кварталу → навчати та менторити нових менеджерів → очолити відділ продажу.

А можете доповнювати план дій задачами, які впливають на досягнення вашої мети опосередковано, приміром: розвиток необхідних навичок і компетенцій, побудова стосунків з людьми, які ухвалюють рішення, посилення вашої професійної та особистої репутації, нові знайомства та контакти тощо.

За бажання кар'єрний план можна доповнити такими пунктами.

- **Аналіз своїх сильних і слабких рис** (можна зробити у форматі SWOT-аналізу). Проаналізуйте ваші досягнення, освіту, досвід, професійні навички, компетенції, бажання, інтереси, оточення, репутацію, можливості та обмеження. Що вас підсилює? Що заважає досягати цілей? Чого вам потрібно навчитися, щоб досягти мети?

- **Перелік ресурсів для розвитку.** Додайте сюди курси, книжки, освітні програми, спільноти, посилання на профілі людей, з якими хочете познайомитись. Усе те, що допоможе реалізувати ваш план дій.

ПОРАДИ ДЛЯ СКЛАДАННЯ КАР'ЄРНОГО ПЛАНУ

1. Заплануйте час на створення плану. Для першої чернетки знадобиться 1,5–2 години зосередженої роботи.

2. Використовуйте будь-які зручні інструменти для візуалізації: таблицю в Excel, нотатки в Evernote, список задач у Trello, мудборд із картинками чи звичайний блокнот.

3. Поверніться до плану за кілька днів. Прочитайте його, відчуйте, чи все для вас актуальне, і внесіть зміни або доповнення. Цей етап можна повторити 2–3 рази. Ви маєте відчути задоволення і впевненість, що це саме те, чого ви хочете.

4. Починайте діяти якомога швидше. Кар'єрний план — це карта вашого розвитку. Але не вона рухає вас з точки А в точку Б. Головне — це бажання відправитись у подорож і наполегливість у процесі. Навіть найпродуманіший і надихаючий план не дасть результатів, якщо не перейти до активних дій.

5. Регулярно переглядайте план. Глобальну мету варто переглядати раз на рік. А короткочасні цілі — принаймні раз на 3 місяці, а краще щомісяця. І не переймайтеся, якщо за пів року він кардинально зміниться. Кар'єрний план — це ваш робочий документ, і що більше виправлень, змін, доповнень ви внесете, то ефективніше для вас спрацює цей інструмент.

Історія № 5

Ольга присвятила більшу частину свого життя музиці, а у 35 років, з дитиною на руках, опанувала нову професію і стала Java-розробницею, попри ярлики «гуманітарій», «мама в декреті», «30+» чи «жінка в IT», які можна було на неї наклеїти. Для мене історія Ольги — про те, як бажання пробувати нове може зрушити гори й перетворити диригентку хору на запеклу айтішницю.

Ольга Куликова

Ще дитиною я вирізнялася неабиякою самостійністю. Якось до моєї загальноосвітньої школи завітав викладач з музичної школи і спитав, хто хоче грати на віолончелі. Ніхто в очі не бачив віолончель, але всім було цікаво. Я одразу ж записалася, а батьків поставила перед фактом, що відтепер я навчаюся ще й у музичній школі.

За пів року занять я зрозуміла, що уявляла собі це трохи інакше. Віолончель була вища за мене, тягати її доводилося на спині, а батьки не завжди могли ходити зі мною. Кидати музику не хотілося, тому я перейшла у клас фортепіано. Так почався мій музичний шлях тривалістю у 22 роки.

У 8-му класі я перейшла до спеціалізованої школи, де одночасно з традиційними предметами викладали й музичні. Після 9-го класу з розкладу зникли всі точні науки — математика, фізика, хімія, біологія. З такою освітою можна було вступити або до консерваторії (на що, власне, й було спрямоване навчання), або до інституту культури. Я вступила до консерваторії на хорове диригування.

Тоді ж я вперше в житті зробила те, що робитиму ще не раз, — спробувала щось абсолютно нове. Я влаштувалася стюардесою автобусних ліній, які курсували Європою та країнами СНД. Навіть досягла певних успіхів: стала старшою стюардесою, набирала й навчала новеньких. Робота дуже виснажувала, бо з рейсу я бігла в консерваторію, з консерваторії — на рейс, навчалася в автобусах. Але мені подобалось, і попри втому й певні проблеми зі здоров'ям я пропрацювала там 4 роки.

На останньому році навчання в консерваторії в мені щось клацнуло: я зрозуміла, що справді бачу себе в цій професії, що це моє. Можливо, це сила музики. Коли складаєш іспит із хором у сто людей, віддаєш їм себе, а вони повертають у стократ потужнішу енергію — це справжнісінька магія. Тож я вступила до аспірантури і провчилася ще 4 роки. Захистити кандидатську мені не вистачило терпіння — я хотіла не теоретизувати, а безпосередньо диригувати. Почала працювати з дитячим хором; ми займалися на базі консерваторії, їздили на фестивалі, давали концерти. Паралельно я адмініструвала дорослий хор й розв'язувала організаційні питання.

А потім усе пішло шкереберть. Ми не мали потрібного приміщення для занять, а те, що було, не опалювалось. Я не могла дивитися батькам у вічі й просити приводити дітей співати у приміщення, де +15 °C. Проблеми з костюмами, жодного фінансування. Я відчувала, що замість самореалізації б'юся як риба об лід. Зрештою, негативу накопичилося так багато, що я вирішила залишити музику й почати нове життя. Змінити захотілося все — професію, зачіску, навіть колір очей (дякую контактним лінзам).

Можливо, за кращих умов і обставин я продовжила б диригентську кар'єру. А може, рано чи пізно мене все одно розвернуло б в інший бік — не знаю. Зате точно знаю, що не вмію стояти на місці. Щоразу, коли я опинялась у глухому куті, коли не бачила можливостей для розвитку — я розверталась і йшла. І жодного разу про це не пошкодувала.

Я ніколи не боялася роботи, навіть найпростішої, тому влаштувалася продавчинею в магазин побутової хімії та косметики. Мою старанність помітили, і за пів року підвищили до старшої продавчині. Я хотіла зростати й далі, але мені казали: «Навіщо? Ти й так добре працюєш. Ти потрібна нам тут». І руки знову опустилися: я й тут не могла ні розвиватися, ні проявити себе.

Знову звільнилася. Цього разу влаштувалася менеджеркою на виробництво, де на мене одразу повісили ще й бухгалтерські обов'язки. Довелося розбиратися в новій професії, налагоджувати й оптимізовувати процеси. За деякий час я усвідомила, що застрягла, і приготувалася вкотре змінити своє життя, аж раптом воно підкинуло зміни само: я дізналася, що вагітна. Потенційне звільнення перетворилося на декрет, але я знала, що на цю роботу вже не повернуся.

На третій рік декретної відпустки я вирішила, що час мені вже готуватися до нового життя. От тільки я поки не знала, чим хочу займатися. Тоді ж у мене почало з'являтися дедалі більше знайомих і друзів-айтішників — цікавих і веселих людей, які іноді говорили незрозумілою мені мовою. Спочатку мені просто хотілося бути в темі. Я не думала, що моя робота якось буде пов'язана із цим. І взагалі не уявляла, що професію такого штибу може отримати хтось такий, як я — з музичною освітою і геть не айтішним досвідом роботи. Але поспілкувавшись зі знайомими, я зрозуміла, що сьогодні опанувати нову спеціальність набагато простіше, ніж мені здавалося.

Друг, до якого я звернулася по допомогу, порадив почати шлях в IT з вивчення Java — мовляв, це поширена мова програмування, яка ще довго буде затребувана. Я знайшла найдешевші курси на пробу і буквально з перших занять збагнула: хочу цим займатися. Курси стартували 1 вересня, а рівно за 12 місяців — 31 серпня наступного року — я отримала свій перший оффер як Java-розробниця.

Увесь цей рік я опановувала нову професію. Пройшла два офлайн-курси, багато навчалася сама. Було непросто — дитина потребувала моєї уваги вдень, тому я займалася здебільшого вечорами й ночами, ніби знову повернувшись у студентські роки. Окрім програмування я вчила англійську й за рік підтягнула свій рівень до Upper-Intermediate.

На курсах нас одразу попередили, що знайти роботу буде складно: треба завалити десять співбесід, перш ніж отримати оффер після одинадцятої. Під час першого інтерв'ю у великій IT-компанії мені поставили 60 питань — я навіть попросила дозволу записати їх, щоб було легше готуватися до наступних зустрічей. Відмов я не боялася — це нормальний етап, через який мають пройти всі початківці.

За моїми плечима було багато такого, що теоретично могло б відштовхнути роботодавців. Мені 34 роки, я щойно вийшла з декрету, не мала жодного досвіду в IT і більшу частину свого життя присвятила музиці. Але нічого з цього не стало для мене перешкодою. Звісно, в мене часто питали про кар'єрні повороти, але це була радше цікавість, ніж завада працевлаштуванню. Можливо, мені просто пощастило. А може, мій блиск в очах, щира допитливість і бажання отримати роботу переважили над іншим.

Із чимось схожим на упередження я стикнулася лише раз, коли на співбесіді в мене запитали: «А ви уявляєте, з ким вам доведеться працювати? У команді переважно молоді хлопці, здебільшого досвідченіші, а ви така...». Поки я намагалася зрозуміти, натякають мені на вік чи на стать, інтерв'юер закінчив: «...У сукні». «Окей, — кажу, — на наступну співбесіду прийду в джинсах, щоб відповідати оточенню». Жарти жартами, але з того часу я дійсно перестала занадто перейматися дрес-кодом — в IT до цього ставляться простіше.

Чекати на одинадцяту співбесіду мені не довелось: я здобула оффер уже після четвертої. За п'ять місяців на першій роботі я отримала підвищення, ще за три — пропозиції від інших компаній, ріст у зарплаті й посаді. Відтоді я змінила кілька місць роботи. Востаннє влаштувалася в нідерландську компанію. Мене попереджали, що європейці більше звертають увагу на освіту, але мій музичний диплом не завадив. Породжував питання, але не завадив. Досвід виявився важливішим.

Я в розробці вже понад 5 років, почуваюся цілком на своєму місці й жодної хвилини не шкодую про своє музичне минуле. Та освіта, та сфера, ті люди зробили мене такою, яка я зараз. Я часто чую від інших, що вони бачать у мені диригента — у тому, як я керую людьми, як ставлю задачі, як розкладаю все по поличках. Цього мене навчила перша професія.

Та насправді між музикою й програмуванням значно більше спільного, ніж здається. І там, і там є свій синтаксис, своя структура, свої правила. Щоб написати музичний твір, потрібні не лише креатив і політ фантазії, а й логіка. І ця навичка розкладати все на логічні складові допомагає мені в розробці.

Я мала багато можливостей зростати до керівних посад. Свого часу була й scrum-майстринею, і тімлідом. Але попри це мені більше до вподоби поглиблювати свою експертизу в розробці. Хтось прагне керувати, а я хочу писати класний код. Звісно, я завжди готова допомогти команді налагодити якісь процеси, але щойно розумію, що організаційних задач стає забагато, роблю крок назад: мені, будь ласка, в розробку.

Пригадую, як кілька років тому, на київському івенті, присвяченому Java, її творець Джеймс Гослінг в онлайн-режимі спілкувався зі слухачами. І в нього спитали, чому він і досі працює розробником, хоча міг би давно спочивати на лаврах. А він відповів: «Бо те, що я роблю, — це весело. Як я можу перестати?». Мені близька така думка: я не хочу підкорювати вершини, я хочу просто робити те, що до душі.

Не можу гарантувати, що ніколи більше не зміню професію, але мені подобається, що зараз я маю майже безкінечні можливості для розвитку. Коли працюєш із технологіями, маєш навчатися щодня — інакше опинишся за бортом. А раптом набридне Java, можна опанувати нову мову, нову технологію — мене не стримує ніхто. І для мене це найважливіше.

Протягом усього життя мною керує бажання пробувати щось нове. Колись давно я склала список того, що мені хотілося б спробувати — від скелелазіння до роботи масажисткою. Тому щоразу, як бачу перед собою стіну, розвертаюся без жодного остраху. Мені це подобається — бути відкритою до нового досвіду, пробувати, не боятися.

Я почала вивчати Java в 34 роки, з дворічною дитиною на руках і вищою музичною освітою. Мені казали, що я гуманітарій, що в мене не вийде. Але я змогла — отже, зможе будь-хто.

РОЗДІЛ

14

Нетворкінг

Нетворкінг — це вміння формувати й підтримувати довірчі й довгострокові зв'язки, які допомагають ефективно розв'язувати питання в різних сферах життя, зокрема й у професійній. Наприклад, вдалі знайомства можуть допомогти знайти роботу мрії, зібрати однодумців для нового проєкту, отримати рекомендації чи організувати інтерв'ю із зіркою телебачення.

Попри те що нетворкінг часто асоціюється з вимушеним спілкуванням, нав'язливими проханнями та незручними паузами, насправді це потужний інструмент кар'єрного розвитку. Звісно, якщо вміти його правильно використовувати.

Важливість широкого нетворку (кола контактів) можна пояснити концепцією американського соціолога Марка Грановеттера, що має назву «сила слабких зв'язків». Згідно з нею, саме «слабкі зв'язки» з людьми, знайомими нам побіжно і які не входять до кола наших рідних і друзів, виявляються загалом кориснішими й важливішими, зокрема і для кар'єрного розвитку. Грановеттер пояснює це тим, що тісно знайомі між собою люди через так звані «сильні зв'язки» обмінюються здебільшого однією й тією самою інформацією.

Про рідних і друзів ми знаємо все: хто де працює, на чому розуміється і чим може допомогти. Це наша «мильна бульбашка», де всі володіють приблизно однаковою інформацією, що, здається, навіть і думають ідентично. А ось наші «слабкі зв'язки» охоплюють значно більше людей, думок, сфер діяльності й територій. І саме цим і можуть бути нам корисні.

Чому нетворкінг важливий для кар'єри? По-перше (а в цій книжці, мабуть, найголовніше), за його допомогою можна знайти роботу — чи то повноцінну посаду, чи то новий проєкт, чи то замовлення на фриланс.

Ви знали, що на відкритий ринок праці потрапляє приблизно половина вакансій? Інша половина закривається за рахунок або поточних співробітників компанії, або рекомендацій, або роботи рекрутерів, які самостійно «хантять» спеціалістів. І широкий нетворк допоможе вам «потрапити на радар» тих, хто пропонує нові можливості.

Особисто я завдяки нетворкінгу влаштувалася на майже всі свої роботи — рекомендували мене чи я дізнавалася про цікаві можливості й просила про рекомендації. Найяскравіший приклад — робота в консалтинговій компанії. Звідти йшла дівчина, яка знала мене з часів AIESEC і вирішила порекомендувати на своє місце. Написала мені, запросила на каву з керівником, і ця зустріч закінчилась питанням, коли мені зручно вийти на роботу. Ось так завдяки одному повідомленню компанія закрила свою потребу в людині без вакансій та додаткових витрат, а я отримала нову роботу із зарплатою утричі більшою, ніж на попередньому місці. Власне, так і працює нетворкінг: ви знаєте когось, хтось знає вас, і одного разу, коли комусь потрібен хтось — стається магія.

Навички нетворкінгу стануть у пригоді й тоді, коли ви не шукаєте роботу. Журналістам широке коло знайомих допомагає знаходити героїв для статей. Дизайнерам — цікаві проєкти. Підприємцям — інвестиції чи клієнтів. Фрилансерам — замовників. Замовникам — фрилансерів. А піарникам — контакти медіа, яким можна скинути пресреліз з темою «Пропозиція ексклюзивного матеріалу».

Навіщо потрібен нетворкінг, розібралися. А тепер поговорімо про те, що варто робити, аби цей інструмент ефективно працював на ваш розвиток.

Якщо нетворкінг поки не ваша сильна риса, але ви хочете потроху розширювати своє коло контактів, пропоную почати з таких кроків.

1) Зрозумійте, хто вам потрібен та де їх знайти

Насправді це завдання із зірочкою — ніколи не знаєш, хто стане у пригоді. Іноді можна бути знайомим з десятками ейчарів, а про вакансію почути від колишнього одногрупника, в чиїй команді вона з'явилася. Тому раджу бути відкритими до будь-яких знайомств. Але якщо потрібні орієнтири, з кого почати — будь ласка.

- Ваші колеги по цеху. Це найприродніший і чи не найлегший варіант для знайомств. З ними можна обмінюватися досвідом, дізнаватися про нові проєкти та вакансії і бути одне одному корисними багатьма способами — від фахової поради до рекомендації на посаду.

- HR-фахівці та рекрутери компаній, у яких вам хотілося б працювати. Навіть якщо не буде для вас пропозицій конкретно зараз, вони завжди можуть з'явитися в майбутньому.

- Топменеджмент і власники компаній у сфері ваших інтересів. Зафрендитись з ними не так просто, зате й цінність таких контактів підвищується в рази. Ідеально — познайомитися з ними через спільних знайомих: тоді вам більше довірятимуть і вас швидше запам'ятають.
- Лідери думок у галузі. Зазвичай вони знають усе про все й усіх: такі контакти є джерелом найактуальнішої інформації про сферу та містком до інших цікавих людей і пропозицій.
- Кар'єрні консультанти. Вважаю, що хоч би чим ви займалися, такі експерти повинні бути у вашому колі знайомих, якщо ви хочете бути в курсі, що відбувається на ринку праці.

Де знайомитись?

- Профільні івенти: конференції, мітапи, форуми — іноді здається, що вони створені більше для нетворкінгу, ніж для обміну інформацією.
- Освітні заходи: під час навчання на курсах, тренінгах чи семінарах можна знайомитись як зі студентами, так і з викладачами, які можуть стати вашими наставниками.
- Професійні ком'юніті: це можуть бути як просто закриті групи в соцмережах, де фахівці конкретної сфери чи професії обмінюються досвідом, так і великі професійні об'єднання, які проводять різноманітні заходи для своїх учасників.

- Нетворкінг-зустрічі: так, існують навіть спеціальні івенти для знайомств. Вони можуть бути вузькоспеціалізованими — наприклад, для підприємців, айтішників чи стартаперів, а можуть і не мати жодних обмежень для участі.
- На співбесідах: це видається дивним, але пропозиція роботи — не єдина користь, яку ви можете мати з інтерв'ю. Навіть якщо ви не отримаєте оффер, можете залишитись на зв'язку з рекрутером чи тімлідом (а іноді інтерв'ю проводить особисто власник компанії) і запропонувати себе на іншу вакансію в майбутньому. Або вас порекомендують у компанію, якій ваш досвід і навички підійдуть краще.

2) Знайомтеся правильно

Якось моя співавторка Настя на одному з івентів познайомилася з молодиком, який назвався професійним нетворкером. Ну як познайомилась: хлопець методично обходив кожного присутнього в залі, тож уникнути розмови не було жодних шансів. Цей професійний нетворкер:

- хвилин десять розпинався про кількість контактів, які має в усіх професійних сферах;
- побіжно зазначив, що знайомий з Ілоном Маском через три рукостискання;
- зізнався, що уявлення не має, на якому івенті перебуває, бо прийшов просто познайомитись;
- хвилині на одинадцятій спитав, як звуть Настю й де вона працює;

у відповідь сказав: «Не знаю, не чув», попросив її додати його до друзів на фейсбуці й побіг за наступною «жертвою», залишивши Настю в глибокому, скажімо так, зачудуванні від своєї тактики знайомства.

Але мета нетворкінгу — не просто поставити пташку чи вичерпати ліміт друзів у фейсбуці, а зацікавити людину й залишити по собі приємне враження, що підвищує шанси запам'ятатись.

Заздалегідь підготуйте самопрезентацію: хто ви, чим займаєтесь / де працюєте, обов'язково — чим можете бути корисні, щоб у нового знайомого відклалося в голові, з якого питання він може до вас звернутися раптом що. Наприклад, коли я знайомлюся з людьми, моя самопрезентація виглядає приблизно так: «Добрий день, я Анна Мазур, керівниця кар'єрного порталу Happy Monday. Допомагаю людям знаходити улюблену роботу, а компаніям — співробітників, які поділяють насамперед цінності, культуру та підходи. Також я сертифікована експертка з побудови бренду роботодавця, викладаю відповідний курс у бізнесшколі MIM-Kyiv та керую агенцією Loud&Proud, проєкти якої спрямовані на посилення бренду роботодавця наших клієнтів. Рада бути корисною. А чим займаєтеся ви?».

Не лише розповідайте про себе, а й цікавтеся співрозмовником. Якщо знайомитесь із кимось на конференції — спитайте думку стосовно виступу останнього лектора, а потім поділіться своєю. Так ви залучите нового знайомого до діалогу та продемонструєте інтерес до його точки зору. Ще варіанти: попросити поради, подякувати за книжку / статтю / лекцію вашого співрозмовника і розповісти, що вам у ній відгукнулося тощо.

До речі, все це актуально не лише для офлайн-, а й для онлайн-знайомств. Велика помилка — вважати, що в онлайні достатньо просто кинути людині запит на дружбу. Обов'язково нагадайте, де ви познайомились і навіщо хочете підтримувати зв'язок, а якщо це ваш перший контакт — відрекомендуйтеся, поясніть, чому вам цікава ця людина і чим ви можете бути корисними одне одному.

3) Підтримуйте зв'язок

Не можна одного разу поговорити з людиною і сподіватися, що тепер ви друзі на все життя. Як і будь-які стосунки, свої «слабкі зв'язки» потрібно підтримувати. Якщо це більш-менш тісне знайомство — час від часу зустрічайтеся на каву чи зідзвонюйтесь. Якщо знайомство не передбачає фізичних зустрічей — спілкуйтеся віртуально: коментуйте пости, обмінюйтеся корисною інформацією, відгукуйтесь на прохання про допомогу, будьте відкриті до пропозицій чи самі ініціюйте співпрацю.

Найголовніше правило тут: бути насамперед корисним. Зосередьтеся на тому, що ви можете запропонувати іншим та чим поділитися, замість лише обтяжувати людину надмірними проханнями. Сприймайте нетворкінг не тільки як ресурс для вирішення ваших проблем, а й як можливість покращити життя іншим людям. Будьте певні: ваша безкорисливість повернеться до вас бумерангом.

Книжки для прокачування навичок нетворкінгу:

1. Кейт Феррацці «Ніколи не їжте наодинці та інші секрети успіху завдяки широкому колу знайомств»;
2. Карен Вікрі «Нетворкінг для інтровертів. Поради для комфортної та ефективної комунікації»;
3. Роберт Чалдіні «Психологія впливу»;

4 Патрік Кінґ «Стратегії і тактики спілкування, або Як знайти спільну мову з кожним»;

5 Марк Ґоулстон «Я чую вас наскрізь. Як порозумітися будь з ким»;

6 Джеймс Борґ «Мистецтво говорити. Таємниці ефективного спілкування».

Історія № 6

Науковиця Ольга завжди знала, що її кар'єра буде пов'язана з біологією. Вона могла працювати в лабораторії або викладати (закладаюся, саме так ви вже уявили її кар'єру), але обрала інший шлях. Для мене історія Ольги — про те, що кар'єрне різноманіття припустиме в будь-якій сфері. Тож можна присвятити себе чомусь одному і водночас ніколи не робити щось одне.

Ольга Маслова

Я завжди знала, що займатимуся біологією. Закохалася в неї ще в дитинстві. Окрім адекватного для свого віку журналу «Юний натураліст», я любила ще й книжки з клінічної цитології, що належали моїй бабусі-біохімікині. У тих книжках були красиві фіолетові лейкоцити (мій улюблений колір), а ще багато довжелезних і незрозумілих термінів, які вражали мій дитячий мозок і викликали бажання, по-перше, розібратися, а по-друге — розповідати про них іншим. Батьки жартують, що я вже тоді популяризувала науку, розказуючи, наприклад, попутникам у поїзді, чим еритроцит відрізняється від лімфоцита.

У 8-му класі я посіла призове місце на всеукраїнській олімпіаді з біології. І це попри те, що я навчалася не в якомусь спецкласі, а у школі мистецтв — грала на скрипці й брала участь у концертах. Мені це подобалось, учителі навіть радили вступати в музичне училище, але я зробила вибір на користь не менш улюбленої біології і перейшла до хіміко-біологічного класу ліцею. Аргументувала я це рішення тим, що завжди зможу займатися музикою паралельно з біологією, а от навпаки — навряд. Сміюся з цієї наївної думки й досі, але ні про що не шкодую.

Питань щодо вищої освіти навіть не виникало. Я вступила на біофак Київського національного університету імені Тараса Шевченка й закінчила там бакалаврат, магістратуру, аспірантуру, а також захистила дисертацію на кафедрі цитології. Ще в університеті я почала дослідницьку роботу в Інституті молекулярної біології і генетики та Інституті генетичної і регенеративної медицини, де продовжила працювати й після випуску. Цей кар'єрний етап важив для мене дуже багато — він сформував мій стиль мислення і світогляд, навчив аналізувати інформацію, дав неоціненний лабораторний досвід, який я не отримала би більше ніде.

У фундаментальній науці є своя романтика. Відчуваєш себе членом таємного ордену, бо маєш доступ до закритих для широкого загалу знань (не через конспірологію, а тому, що це реально складно пояснити пересічній людині). Пишеш статті в англомовні журнали, презентуєш свою роботу на міжнародних конференціях, додаєш нові краплинки знання цьому світові (хай як пафосно це звучить) і розмірковуєш над ідеями й гіпотезами, здатними здобути Нобелівську премію.

Але романтика зникає, коли усвідомлюєш, що для тестування твоєї гіпотези потрібне обладнання, якого немає й найближчим часом не буде. І замість думати, як змінити світ, розмірковуєш, як би те обладнання за мільйони доларів зробити з підручних засобів. Я не жартую. Через брак фінансування ми дійсно змушені були багато що винаходити заново. Звісно, це демотивувало: я відчувала, що витрачаю свої сили даремно.

Тому коли мені запропонували посаду заступниці генерального директора з наукових питань у комерційній компанії, я погодилась. Не скажу, що було легко. Мені подобалося займатися фундаментальною наукою, я не хотіла підводити свого керівника — видатного і поважного академіка. Але навіть він мене підтримав, і я зрозуміла, що варто спробувати.

Робота в комерційній організації — це абсолютно інший досвід. Амбітні цілі, необхідні для роботи умови, гроші (значно більші, ніж у науковому інституті) — усе це дуже надихало. Мені здавалося, що тут я нарешті можу конвертувати свої знання у практичну користь людям. Крім того, я змогла налагодити співпрацю між компанією та інститутом, і дуже пишалася, що була корисною обом, здавалося б, непоєднуваним сторонам.

Але з часом я побачила, що бізнес на те й бізнес, що все в ньому сходить на гроші й вигоду. Я вперше стикнулася з явищем маркетингового викривлення реальності, коли в рекламі продукту вдаються до некоректних аргументів, а на наведені претензії відповідають: «Головне — продати». Потроху накопичувалися й інші проблеми, наприклад, із правами на інтелектуальну власність чи кар'єрними перспективами. Останній рік у компанії був для мене настільки дискомфортним, що я на кожному засіданні ради директорів казала, що звільнюся. Менше з тим, коли я таки пішла, вони дуже здивувалися.

Після цієї роботи, вже як незалежна консультантка, я багато співпрацювала з іншими компаніями зі сфери біотехнологій, що будували лабораторії, відкривали клініки тощо. І водночас почала присвячувати більше часу тому, що тривалий час було «побічним ефектом» моєї основної діяльності.

Ще студенткою та аспіранткою я вела власні блоги, а також писала для науково-популярного проєкту «Моя наука», який тоді тільки-но з'явився та й досі робить багато важливих для наукпопу речей. Під час роботи в комерційній організації я коли-не-коли читала лекції. Популяризація завжди була мені близька, тож я вирішила ризикнути й вивести її на перший план.

Сьогодні я насамперед популяризаторка науки. Саме цей формат — з його необхідністю публічно виступати, писати напівжартівливі тексти й робити презентації з мемчиками (при цьому не примітивізуючи та не перекручуючи наукові факти!) — поєднав мою любов до науки з давньою любов'ю до мистецтва й самовираження. Я взагалі дуже обурююсь, коли протиставляють «учених-сухарів» та «митців з тонкою душевною організацією». Це не протилежності, це різні форми прояву одного й того ж бажання: пізнати світ і себе.

Це був нелегкий шлях. Коли я починала, популяризація науки була чимось геть новим і багато хто не розумів, задля чого я покинула нормальну роботу. А мені просто дуже хотілося, щоб наше суспільство ставало більш критично тямущим, більш науково грамотним, і я розуміла, що можу це робити, й не бачила, щоб хтось іще мав бажання цим займатися. Зараз популяризаторів науки стає дедалі більше, і сьогодні цим уже нікого не здивуєш. Хоча мені й нині може прилетіти щось на кшталт: «Популяризаторам просто клепки не вистачає займатися фундаментальною наукою», але я вірю, що це думка меншості.

Популяризація дає мені свободу пробувати й об'єднувати геть різні формати і не втрачати інтересу до сфери, якій я присвятила життя. Я читаю лекції для різних категорій людей. Веду радіопередачу й подкаст «Наука як по маслу». Я тренерка у проєкті з популяризації здорового способу життя «Школа довголіття». Співавторка телеграм-боту Solomia Today для відстеження менструального циклу. Членкиня експертної ради проєкту STEM is FEM для популяризації STEM-спеціальностей серед дівчат. Авторка науково-популярних книжок*.

* «Коли я нарешті висплюся?» у співавторстві з Нікою Бєльською («Віхола») та «Пригоди клітин» («Темпора»).

Я також не втратила зв'язку із фундаментальною наукою: часто співпрацюю з різними науковими установами — здебільшого як консультантка, але іноді доводиться й одягати білий халат і сідати за ламінарний бокс.

Час від часу я викладаю в альтернативній школі, хоча це радше можна назвати спілкуванням із підлітками у вільному форматі на теми, цікаві як їм, так і мені. Був у мене й досвід викладання біології у традиційній школі. Але після того, як я написала 28 пояснювальних записок, чому в мене чиєсь прізвище виходило за межі клітинки в журналі, а календарний план не збігався з датою уроку, я зрозуміла, що в це бюрократичне пекло мене не затягнуть більше ніколи.

Не минулося й без власних бізнес-проєктів. У мене їх два: я співзасновниця проєкту зі створення індивідуальних ароматичних аксесуарів Needorium і науково-популярного проєкту Nobilitet, присвяченого відкриттям, що здобули Нобелівську премію, та іншим важливим подіям наукового світу.

З одного боку, я ніби займаюся тим самим, а з іншого — ніколи не роблю одне й те ж. Мене це одночасно і надихає, і виснажує. Але заспокоюю себе тим, що якби я робила щось одне, я втомлювалася б не менше. Тільки при цьому не отримувала б тієї «наркоманської» дози новизни, яка мені конче потрібна. Коли мені раптом спадає на думку: «От якби ж я сиділа собі в лабораторії і працювала спокійно...», — кажу собі, що вже давно з'їхала б з глузду.

Такий формат роботи підходить не всім. У мене погано виходить розмежовувати роботу й відпочинок. Складно синхронізуватися з «нормальними» людьми, бо я можу бути відносно вільна в будній день, а в традиційний вихідний читати лекцію, займатися проєктом чи взагалі поїхати у відрядження. Часом тижні розписані буквально похвилинно, а іноді буває лише три події за тиждень. Зате в такому режимі я можу собі дозволити час від часу їздити кудись на тривалий період, наприклад до батьків. Я не змогла б собі цього дозволити, якби працювала 5 днів на тиждень з 9-ї до 18-ї, хай навіть і в суперпотужній і класній компанії.

У мене було багато можливостей обрати щось інше. Я могла би навіть поїхати за кордон і збудувати непоганy наукову кар'єру. Не мала би проблем з оснащенням лабораторії, реалізувала б усі свої задуми, частіше відвідувала б конференції тощо. Але я знала, що там я рухалася б накоченою академічною колією все життя й не змогла б займатися більше нічим. Тому я залишилась, щоб рухатись абсолютно карколомно-непередбачуваним кар'єрним шляхом, але при цьому спробувати різні формати, вийти на певний рівень популярності, інтердисциплінарності, впливу на суспільство.

Ми живемо у прекрасні часи відкритих інтелектуальних і фізичних кордонів (звісно, поки не трапиться якась пандемія) і широкого спектра можливостей. Можна виїхати, можна залишитись, можна влаштуватись на роботу будь-куди. Метою має бути не перебування десь, а реалізація своїх потреб і потенціалу. Для мене важливі всі мої кар'єрні етапи. Були часи, коли мені працювалось у кайф, відчувався розвиток і вистачало внутрішньої мотивації, а були — коли обставини конфліктували з тим, що я хотіла робити, і я усвідомлювала, що потрібно щось змінювати. Власне, так я і чинила — аби в підсумку займатися тим, до чого маю хист: бути посередником між наукою, бізнесом і суспільством.

РОЗДІЛ 15

Особистий бренд

Особистий бренд — це те, що про вас думають інші як про особистість і професіонала. Це обізнаність про вас, ваші навички, а також проєкти, які ви реалізовували і можете реалізувати в майбутньому. Сильний особистий бренд — це надійна запорука для пошуку роботи мрії зокрема та розвитку кар'єри загалом.

Механіка роботи особистого бренду проста: якщо про вас знають, ви будете першими, про кого згадають, коли виникне потреба в тому, на чому ви спеціалізуєтесь. Наприклад, мені часто пишуть із проханням порекомендувати хорошого фахівця, звертаються із запитами консультації щодо розвитку кар'єри, підбору персоналу чи побудови бренду роботодавця і пропонують відповідні проєкти. Завдяки особистому бренду я отримую пропозиції і можливості, про які інакше й не дізналася б.

Особистий бренд допомагає...

ЗНАЙТИ РОБОТУ

Пам'ятаєте інформацію, що на відкритий ринок праці потрапляє тільки половина вакансій? Так от, якщо про вас не знають як про мегакрутого професіонала, ви просто не маєте доступу до частини актуальних можливостей. Особистий бренд дозволяє бути тією людиною, яку тегають під постами з вакансіями або про яку в приватному листуванні пишуть: «Я знаю, хто вам потрібен». А в майбутньому він може дозволити взагалі не шукати роботу, бо пропозиції надходитимуть самі. Звісно, для цього варто серйозно і завзято попрацювати, бо це можливо, якщо ви досить відомий і публічний експерт, виступаєте на профільних заходах і є лідером думок у своїй галузі.

ЗРОСТАТИ КАР'ЄРНО

Робота над особистим брендом сприяє поглибленню вашої експертизи та кар'єрному зростанню. Кому з двох дизайнерів, на ваш погляд, запропонують підвищення до артдиректора — тому, хто добре виконує свою роботу, веде блог з порадами, менторить у конкурсі для дизайнерів-початківців і, головне, вміє про це цікаво розказати, чи тому, хто просто добре виконує свою роботу? Наявність статей у профільних ЗМІ, виступи на конференціях і навіть активні соцмережі точно виокремлять вас серед колег, коли мова піде про підвищення у зарплаті чи в посаді. Адже всі компанії хочуть працювати з найкращими експертами.

РОЗВИВАТИ ВЛАСНУ СПРАВУ

Якщо плануєте запускати власний бізнес, то особистий бренд допоможе вам вирізнитися з-поміж конкурентів, знайти перших клієнтів і співробітників та перетворити їх на амбасадорів вашої компанії. Сьогодні особистий бренд не конкурує з брендом компанії, а навпаки — підтримує його.

Сильний особистий бренд також дуже важливий для людей, які працюють самі на себе, — фрилансерів, коучів, тренерів та консультантів. Саме їхня репутація та публічний образ гарантують їм наплив замовників і запрошення до співпраці.

КОМУ ВАРТО РОЗВИВАТИ ОСОБИСТИЙ БРЕНД?

На мій погляд — кожному. Це правильна стратегія для будь-якого амбітного професіонала. І що раніше ви почнете, то більше користі отримаєте від такої активності в майбутньому.

Не відкладайте роботу над особистим брендом на потім, навіть якщо ви тільки починаєте кар'єру. Зробіть це своєю фішкою: люди люблять стежити за новачками, їм імпонує їхня щирість. Розповідайте про перші кроки у професії, діліться професійними цілями та амбіціями, застерігайте від своїх помилок таких початківців, як і ви. Подібні історії викликають цікавість і бажання допомогти, тому велика ймовірність, що вас кудись порекомендують або запросять на стажування чи першу роботу.

Не обмежує розвиток особистого бренду і ваша професія. На перший погляд може видатись, що будувати свій публічний образ навколо роботи можуть лише представники креативних індустрій, бо тільки їм нібито є що цікавого розказати. Але навіть якщо ви вчитель, лікар, адміністратор, бухгалтер — можете показувати власну роботу. Мій знайомий нейрохірург у соцмережах викладає світлини й описи пухлин, з якими працює. Для мене іноді це шокуюче, але його читає професійна спільнота, для якої цей контент має неабияку цінність. Головне — зрозуміти, хто ваша аудиторія і яку користь ви можете їй дати.

Отже, ми розібралися: сильний особистий бренд вигідно мати кожному, незалежно від професії та кар'єрного етапу. Тепер з'ясуймо, з чого він складається та як його розвивати.

Тут мені хочеться надати не власні поради, а рекомендації людини, яка свого часу допомогла мені розібратися з цією темою, — Ніни Левчук. Ніна — Startup & VCs Lead* у Google та авторка курсу з особистого бренду. Вона переконана: те, як ми себе позиціонуємо, безпосередньо впливає на наші професійні успіхи. Сподіваюсь, бачення Ніною концепції особистого бренду й поради з його побудови будуть вам не менш корисні, ніж мені.

Особистий бренд формується з трьох складових. Перша — це ваша експертність. Друга — що ви про себе розповідаєте. Третя — що про вас кажуть інші. Перші дві складові легко контролювати: ви підвищуєте свою експертність, отримуєте нові знання й досвід і активно ділитеся цим з людьми. Щоб впливати на третю складову, потрібно активно працювати над першими двома: якщо ви маєте чітке позиціювання себе, розумієте, хто ваша аудиторія та як до неї достукатись, — вам буде легше контролювати, що про вас говорять.

Для роботи над особистим брендом потрібна стратегія. Насамперед дайте собі відповідь на питання: «Навіщо мені це?». Побудова персонального бренду — це тривалий марафон, а не короткий забіг, тому вам потрібна зрозуміла мотивація, яка не дасть кинути все на півдорозі. Наприклад: «Мені потрібен особистий бренд, бо за кілька років я хочу працювати на себе, і я потребую лояльної аудиторії, яка довірятиме мені й користуватиметься

* Керівниця команди з партнерських відносин зі стартапами та венчурними фондами.

моїми послугами». Або: «Мені потрібен особистий бренд, бо я хочу стати спеціалістом, який отримує додатковий дохід від публічних виступів, лекцій та консультацій».

На етапі розробки стратегії перерахуйте абсолютно всі свої ролі, навички й характеристики особистості та визначте, які з них ви транслюватимете аудиторії, а які — ні. Наприклад, ви прагнете одержати керівну посаду у великій міжнародній корпорації, тому вирішуєте, що ваші спроби писати поезію залишаться персональним захопленням, яке ви не показуватимете назагал.

Те, що ви готові демонструвати іншим, має вписатися у формулу особистого бренду.

(Професійні ролі + Соціальні ролі + Особистість) ×
× Комунікація

- *Професійні ролі* — це все, що пов'язано з роботою та бізнесом, тобто ваша експертиза як фахівця. Наприклад, Ніна — експертка з маркетингу, продажів, стратегії та побудови особистого бренду.
- *Соціальні ролі* — це все, що відображає вашу суспільну позицію та ваші ідеї. Як і професійних, соціальних ролей може бути багато: ви можете стати на захист гендерної рівності, популяризувати науку чи здоровий спосіб життя. До соціальних ролей можна зарахувати й роль матері чи батька, якщо ви хочете зробити їх частиною вашого бренду.
- *Особистість* — це набір ваших персональних якостей. Вони необов'язково мають усім подобатись. Буває, люди будують свій бренд навколо того, що не бояться різко висловлювати свою думку, бути саркастичними чи навіть жорсткими. Сюди також можна зачислити ваші хобі чи захоплення — усе, що робить вас вами.

Професійні й соціальні ролі та особисті якості роблять вас унікальними. А регулярна та продумана *комунікація*, на яку ви їх множите, дозволяє донести інформацію про себе потенційній аудиторії.

Для правильної комунікації потрібно обрати правильні майданчики. А для цього необхідно розуміти, хто ваша цільова аудиторія та де її шукати. Які івенти вона відвідує, в яких соцмережах найчастіше зависає, які профільні медіа читає? Важливо, щоб специфіка майданчика підкреслювала ваші особисті риси: якщо ви краще формулюєте думки текстом — пишіть статті, якщо «запалюєте» словом — створіть канал на YouTube. Для розвитку особистого бренду дизайнерові Instagram і Behance будуть кориснішi за LinkedIn, а колонка в нішевому медіа для дизайнерської спільноти зробить для особистого бренду більше, ніж стаття на новинному мільйоннику.

Почніть із соцмереж — це невіддільна частина вашого особистого бренду і найперший майданчик, який можна використати для комунікації, якщо ви тільки починаєте розповідати про себе. Почистіть життєпис від сумнівних текстів чи вітальних листівок, залиште лише ті фото, за які не соромно, переконайтеся, що з вашої сторінки зрозуміло, чим ви займаєтесь, і почніть наповнювати її контентом, згідно з вашою стратегією.

Майте на увазі: одного майданчика недостатньо, але й десятки нових платформ охоплювати не потрібно. Краще якісний та регулярний контент у 3–4 місцях, ніж поганий у 15-ти. Якщо ваша мета, наприклад, бізнес-аудиторія, то ваш стартовий набір майданчиків для комунікації може бути таким: ваші сторінки у Facebook та LinkedIn і статті у профільному медіа. З розвитком особистого бренду цей список може розширитись до регулярної колонки в якомусь зі ЗМІ, а також до постійних виступів на профільних івентах.

РЕГУЛЯРНО ПРАЦЮЙТЕ НАД РОЗВИТКОМ СВОГО БРЕНДУ:

- активно ведіть соцмережі — розповідайте про особливості своєї роботи, діліться професійними й особистими успіхами, прикладами своїх робіт, давайте коментарі чи поради стосовно питань, на яких знаєтесь;
- пишіть експертні статті у ЗМІ;
- виступайте на радіо чи телебаченні;
- беріть участь у галузевих івентах: конференціях, мітапах, форумах;
- станьте ментором для початківців у професії;
- подавайтеся на професійні конкурси;
- займайтеся волонтерством і пропонуйте свою допомогу іншим.

Варіантів насправді дуже багато. Головне — не забувати про них розповідати, щоб люди могли скласти про вас правильне враження. А ще важлива умова побудови особистого бренду — залишатися собою. Люди одразу розпізнають фальш і цінують щирість. Якщо ви хочете сформувати навколо себе лояльну аудиторію, варто одразу говорити з нею як на духу.

Наостанок хочу зазначити, що побудова особистого бренду потребує багато часу, сил та інших ресурсів. За кілька місяців ви навряд чи отримаєте запрошення виступити на TEDx чи пропозицію викладати в бізнес-школі. Але за рік-два регулярної роботи сильний особистий бренд може кардинально змінити ваше життя.

Історія № 7

> За 13 років роботи в міжнародній компанії Наталія збудувала карколомну кар'єру, але перед найвищою сходинкою — позицією CEO — звільнилася. Для мене ця історія про те, що кар'єра — це насамперед не про назви посад, а про цікавість і подолання страхів, які не зникають навіть із досвідом.

Наталія Панкратова

Я закінчила економічний факультет державного вишу в Дніпрі в 1990-х і влаштувалася на роботу в компанію, що займалася гуртовим продажем електроніки. Прийшла на практику, а в підсумку пропрацювала там доволі довго як для першої роботи — 5 років.

Оскільки я була в штаті відділу закупівлі побутової техніки, то постійно співпрацювала з різними компаніями-постачальниками. Тоді в Україні саме почали відкриватися офіційні представництва різних брендів — Philips, Sony, Braun тощо. Іноді вони проводили виїзні події для своїх дистриб'юторів — мікс презентації товарів з неформальним спілкуванням, — на яких я бувала й мала змогу познайомитись із представниками міжнародних брендів і побачити їх у роботі. Вони здавались мені обраними: знали англійську, працювали на іноземні корпорації, розуміли, як улаштовано великий бізнес, — спілкування і взаємодія з ними відкривали переді мною нові горизонти.

Після однієї з таких зустрічей з компанією Philips я повернулася додому з думкою: «Хочу там працювати». Мене так вразила робота команди — високий рівень організації, комунікації, те, як органічно й ефективно вони взаємодіяли, — що я зрозуміла: хочу бути серед цих людей, бо це сприятиме моєму розвитку.

Коли побачила там вакансію, одразу відправила резюме з темою «Я дуже хочу працювати у вас». Втім, ви ж знаєте, які вони, перші резюме: інформації про себе ще обмаль, а сказати щось треба. Тому — великий шрифт, крута фотка, багато розмитих фраз про те, які ви класний / класна (утім, є й недолік — очевидно, ви страждаєте від надмірної працьовитості й відповідальності). Приблизно такий вигляд мало й моє резюме з одним місцем роботи за 5 років. Але нічого не вийшло: мені відмовили.

Минув рік, і зрештою моє прагнення розвиватися і займатися чимось новим переважило невпевненість у собі. Я вирішила звільнитися і перш ніж шукати нові можливості — поїхати в Індію. У мене на руках були віза і квитки, аж раптом з моєї вже майже колишньої компанії надійшла пропозиція взяти участь у ще одній, останній, події від Philips — усі знали про моє приязне ставлення до неї. Я погодилась, і під час цієї поїздки комерційний директор представництва запропонував мені роботу.

Сказати, що я була в захваті — не сказати нічого. Момент розуміння, що втілюється мрія, — безцінний, і я досі пам'ятаю кожну деталь тієї розмови. Я розуміла, що, звісно, погоджуся, але хотіла витримати паузу й показати, що обдумую це рішення. Попросила три дні на «подумати» і весь цей час переймалася, аби вони не запропонували місце комусь іншому, а я, така горда, не лишилася ні з чим.

Через три дні ми домовились, і так почався мій 13-річний шлях у Philips. Два роки я працювала представницею бренду в Дніпрі, потім мене запросили менеджеркою в Київ. Мені й у Дніпрі було непогано, але зараз я дуже вдячна своєму керівникові за те, що він вчасно помітив мою нудьгу.

Київ мені сподобався не одразу: між роботою та домом було 18 світлофорів, і я відчувала, як вони щодня крадуть мій найцінніший ресурс — час. До того ж у Дніпрі я була дуже соціально активна, а після переїзду в столицю опинилася в тимчасовій ізоляції. Але згодом усе стало на свої місця, та й кар'єра почала набирати обертів.

У Philips постійно відбувалися зміни: підрозділи купували й продавали, бізнес розширювали, а я збагачувала свій досвід взаємодією з різними ринками, типами компаній та людьми. Ця робота зробила мене вправною перемовницею, навчила керувати іншими, бути сильною, а головне — послідовною. Якби потрібно було назвати найголовнішу рису, яку цінує бізнес, я назвала б послідовність, бо вона породжує довіру до ваших слів і повагу до вас: якщо сказали — зробите.

Я росла, і коли українське представництво компанії стало відповідати також за країни Кавказу та Середньої Азії, я вже була комерційною директоркою і керувала процесами в усіх цих країнах. Далі лишалося стати тільки CEO Philips Україна, і я точно знала, що саме це на мене й чекає за кілька місяців. Це було очікувано, логічно. Це був останній елемент пазлу, але для мене картинка не складалася.

Справа в тому, що я вже мала доволі широкі повноваження й велику свободу дій. На посаді CEO було б більше політики та комунікації з міжнародним бордом Philips, більше впізнаваності, але для мене не це було головним.

Я вважаю, що основним довготривалим мотиватором у житті кожної людини є цікавість. Гроші, звісно, теж мотивують, але лише протягом обмеженого періоду. Цікавість — ось що приваблює людей. Так, у мене був білий корпоративний «Вольво», прекрасний офіс, соцпакет, оплачені бізнес-відрядження... Але разом з тим я розуміла, що все стало звичним, рутинним і повторювалося день у день.

Мені було вже 40 років і я стояла на роздоріжжі: або лишитися у Philips і більше нікуди не йти, або йти просто зараз. Я вирішила звільнитися. У нікуди. Це викликало нерозуміння й сполох на ринку. Усі хотіли дізнатися, куди ж я вийду на роботу. А я не збиралася нікуди виходити. Після 13 років на одному місці потрібен час, щоб зупинитися, подумати й зрозуміти, що далі.

Але пасивна рефлексія — не мій шлях. Тож я вирішила здійснити своє давнє бажання — навчитися... барменства. Саме так! Не питайте чому. Я не люблю нічне життя, та й коктейлі — не мій вибір. Але це було щось геть інакше, і, мабуть, тоді я саме цього й прагнула — цілковитого перемикання. Якщо вже вчитися нового, хай це буде щось, від чого я точно буду безмірно щаслива.

«Учитися — так у найкращих!» — подумала я і подала заявку у двомісячну школу барменів у Лондоні. Оформила візу, купила квитки... і за два дні до вильоту отримала відмову через свій вік: у Лондоні вирішили, що навчатися на бармена можна до 35 років. Я засмутилась, але, зрештою, вирішила, що все одно поїду.

А оскільки я була спрагла до нового досвіду, нових знань, то не збиралася просто гуляти Лондоном два місяці. Я записалася на програму з комунікації, перемовин, вуличної фотографії, мистецтва при Лондонському університеті мистецтв. З якогось дива мене й там не хотіли приймати, але коли я пояснила, що мені не потрібен диплом, аби дали тільки повчитися, — все ж узяли. Це був крутий досвід, хоча в підсумку на заняттях з комунікації та перемовин я виступала не менше за лектора.

Через два місяці я повернулася в Україну — щоб погодитись на ще одну авантюру. Мій друг запросив приєднатися в ролі матроса до команди парусного судна, копії вітрильника XVII століття, що прямувало до острова Ельба, де майже рік провів у вигнанні Наполеон. Це нагода для охочих відчути себе справжніми моряками — стояти на вахті, кидати якір, віддавати кінці тощо. Неймовірний досвід! Інша роль, інші правила, інші методи навчання нового та навіть інша мова (польська), якої я зовсім не знала... Я отримала багато уроків підпорядкування й адаптації. Ну і, звісно, така подорож дала змогу видихнути й емоційно очиститись.

Після цього я потроху почала повертатися в бізнес. Виступала як лекторка й консультувала. Я прийшла до цього не одразу: мені здавалося, що одна справа — виступати на зборах компанії і геть інша — ділитися експертизою публічно. Але перший досвід виявився успішним: аудиторія не лише із задоволенням слухала мене, а й отримувала від цього користь. Із часом виступів побільшало, мене почали запрошувати на бізнес-консультації з комерційної експертизи, аудиту персоналу тощо.

Мені здавалося, що я дуже вузький фахівець, бо працювала на одному місці 13 років. Хоч би скільки я розповідала, що відповідала за 13 ринків, десь у глибині думала, що це лише один напрям, одна компанія. Консультації допомогли мені зрозуміти: якщо я маю досвід, умію робити з нього висновки і можу ділитися ними з іншими — то буду корисна в будь-якому бізнесі.

Так одного разу я консультувала власників Work.ua, а вони взяли й запропонували мені посаду генерального менеджера: мовляв, пропонуєш — упроваджуй. Я внутрішньо вже дозріла до того, щоб пристати на якусь пропозицію. Хотілося бути там, де бізнес про людей — це для мене важлива цінність. А ще кортіло спробувати себе в ІТ. А Work.ua — це якраз і про людей, і про ІТ. Такий мікс дозволяв мені і віддавати, і навчатися нового. Ми провели разом два чудових роки, і це була справжня синергія досвіду й внутрішнього розвитку — як для мене, так і для команди.

Зараз я знову повернулася в електроніку. Отримала пропозицію від людини, з якою ми перетиналися на спільних виступах і стратегічних сесіях. Це було про усвідомлений вибір того, хто тобі підходить і як професіонал, і як людина. У мене нова роль — операційна директорка. Я відповідаю за процеси, з якими досі співпрацювала, а не керувала ними, і це дуже цікаво й неабияк драйвить.

Озираючись, можу сказати, що весь мій життєвий і професійний шлях — це про цікавість, допитливість, відкритість світу й постійний рух. Ти пізнаєш — і сам стаєш глибшим і цікавішим для інших.

І зрештою розумієш, що робота — це насамперед люди. Тому якщо ти не тільки професіонал, а й цікава людина, то вже не ти шукаєш, а тебе шукають. Люди шукають тебе, робота шукає тебе.

Тож рухайтесь, пробуйте, дізнавайтесь!

До речі, про барменство: я таки закінчила школу барменів, але не в Лондоні, а в Києві. То був чудовий досвід, але це вже інша історія.

РОЗДІЛ 16

Менторство

Менторство в кар'єрі — це процес, коли більш досвідчений фахівець (ментор, наставник) допомагає розвиватися у професії менш досвідченому (менті, підопічному).

Менторство дає змогу зрозуміти особливості цікавої для вас сфери, навчатися у практика й ставити будь-які питання. А ментор — це провідник у світ експертизи, якої у вас поки що немає. Як гугл для вашого професійного розвитку: дає відповіді й знаходить потрібну інформацію. Він подолав шлях, на який стаєте ви, і може підказати, де чатують найбільші перешкоди, як до них підготуватися і пройти цей шлях найефективніше.

Менторство дає реальну користь. Дослідження доводять, що фахівці, які отримують допомогу ментора, краще заробляють, частіше отримують підвищення й загалом більше задоволені своєю кар'єрою [20].

ЩО РОБИТЬ МЕНТОР:

- дає поради з професійної діяльності;
- ділиться власним досвідом;

- рекомендує освітні матеріали (книжки, статті, записи виступів тощо);
- допомагає розробити план з досягнення професійних цілей;
- мотивує й надихає.

Але не варто перекладати на ментора відповідальність за своє життя та дії. Це лише додатковий інструмент, але не панацея.

У ЯКИХ ВИПАДКАХ КОРИСНЕ МЕНТОРСТВО

Як і решта згаданих у цій частині інструментів, менторство — штука універсальна і може стати в пригоді на будь-якому етапі вашого розвитку.

Якщо ви хочете опанувати нову професію. Припустімо, ви стоїте на початку своєї кар'єри. Або ні, але вирішили змінити професію й розвиватися в новому напрямі. У такому разі ментор зорієнтує вас, із чого почати, де навчатися, як знайти першу роботу й не припуститися помилок, типових для новачків.

На програму наставництва MakeMeBetter, яку я вже згадувала, звернулась дівчина. Вона навчалася на четвертому курсі бакалаврату і хотіла знайти досвідченого наставника, який порадив би, як почати корпоративну кар'єру. Мета — знайти роботу за рік. Але дівчина знайшла її вже за два тижні після першої зустрічі з наставницею. І неабияку — а в одній з компаній великої четвірки *.

* Чотири найбільші у світі компанії, які надають аудиторські і консалтингові послуги: Deloitte, PwC, EY, KPMG.

Навіть якщо вам здається, що ви геть нічого не вмієте, досвідчений наставник може допомогти вам структурувати ваші знання й досвід і звернути увагу на можливості, про які ви навіть не здогадувалися.

Якщо ви хочете розвиватись у професії. Приміром, отримати вищу або й керівну посаду. У деяких компаніях є навіть відповідні програми, коли співробітнику в межах плану розвитку для його посади призначають ментора, який «підтягує» його на наступний рівень.

> Після закінчення університету Аліна влаштувалася на роботу в IT-компанію на посаду офіс-менеджерки. У її обов'язки входило забезпечувати працівників усім необхідним, регулярно збирати зворотний зв'язок, допомагати командам з адміністративними завданнями. Втім, з огляду наздебільшого «асистентський» характер посади довго на ній затримуватись Аліна не планувала. Тож за пів року звернулася до керівництва з проханням посприяти її переходу в HR-відділ. Оскільки дівчина добре зарекомендувала себе, а HR-відділ потребував розширення, їй пішли назустріч і призначили менторку — досвідчену HR-фахівчиню.
>
> Паралельно основній роботі Аліна проходила курси, читала фахову літературу, яку їй радила менторка, спостерігала за її роботою й регулярно ставила питання. За три місяці вона підтвердила свою кваліфікацію і перейшла на посаду молодшої HR-спеціалістки.

Втім, навіть якщо менторити в компанії не заведено, а ви відчуваєте, що вам потрібна допомога, аби «дорости» до підвищення, знайти ментора можна самостійно (і згодом я розповім, як і де).

Якщо ви досягли певних успіхів у професії, але час від часу потребуєте поради. Це окей — мати наставника, навіть якщо ви самі керуєте десятками людей і можете навчити інших чого завгодно. Усім іноді потрібен неупереджений погляд і мудра порада: ментори були й у Стіва Джобса, й у Марка Цукерберґа. А CEO Google Ерік Шмідт у своїй книжці «Як працює Google» (How Google Works) сказав: «Навіть якщо CEO — суперзірка, йому все одно потрібен ментор. Адже й у переможців Олімпіади є тренери».

На етапі запуску власного бізнесу я дистанційно працювала з наставницею, яка проживала в США. Досвід як такий не був мені потрібен, але я, як ніколи, потребувала підтримки. І моя менторка з її типовим штатівським «Girl, you can do it!» зарядила мене такою енергією, що вистачило б на кілька стартів. У нашій культурі таку чисту концентрацію мотивації важко десь знайти, а я отримала її в той момент, коли потребувала найбільше.

Якщо вам потрібна допомога із запуском бізнесу. Для таких випадків існує бізнес-менторство, коли наставник дає зворотний зв'язок щодо вашої бізнес-ідеї, ділиться контактами і знаннями, необхідними для запуску або для розвитку власної справи. Тільки майте на увазі: якщо індивідуальне менторство здебільшого будується на взаємній цікавості та бажанні допомогти, то бізнес-менторство може базуватися на фінансовій винагороді, частковій участі чи інших бонусах.

ЯК ОБРАТИ МЕНТОРА

Перш за все це має бути людина, з якою вам хочеться проводити час — розмовляти, вчитися у неї та переймати досвід. Вона має викликати у вас захоплення, а її робота — бути для вас прикладом. Сформуйте для себе перелік із 5–10 критеріїв ідеального ментора, важливих саме для вас.

Раджу звернути особливу увагу на:

- потрібну експертизу — добре, якщо потенційний ментор уже був вам корисний, наприклад, ви прочитали його статтю чи послухали лекцію й застосували поради на практиці;
- кар'єрну подібність і досягнення — ви прагнете посісти схожу позицію або досягти того ж, що вже вдалося ментору, приміром, виступити на конференції, отримати професійну сертифікацію тощо;
- формат роботи — якщо вам важливі особисті зустрічі, шукайте наставника тільки у вашому місті, а якщо ви готові до спілкування онлайн, можете розширити вибірку на інші міста або країни;
- спільні цінності — можуть здатися другорядними, але насправді вони дуже важливі. У моїй практиці був випадок, коли менті й наставниця ідеально збігалися за об'єктивними параметрами, але він був з дуже консервативної католицької родини, а вона була прогресивна й не дуже релігійна. І їхня співпраця не склалася.

А ще не женіться за зірками. Ймовірно, першими вам на думку спадуть якісь відомі особистості. Звісно, мати зіркового наставника — дуже круто. Але якщо вам важливо, щоб людина щиро зацікавилася вашим успіхом і приділила достатньо свого часу, то із зірковим наставником це буде непросто. У таких людей часовий ресурс украй обмежений, а подібних запитів десятки, якщо не більше.

Краще обирати в ролі ментора людину, на щабель або два вищу за вас на професійному рівні. Наприклад, якщо ви шукаєте першу роботу, спитайте поради в спеціаліста, у якого за плечима 2–3 роки досвіду. Якщо хочете отримати перше підвищення, зверніться до успішного керівника невеликої команди. Обирайте людину, яка добре пам'ятає, як досягла важливої для вас мети. Бо той, хто пройшов цей етап п'ять і більше років тому, розвивався в інших умовах (враховуйте швидкість розвитку технологій та змін у світі) і, ймовірно, вже не зможе поділитися актуальними інструментами.

Наприклад, якщо ви хочете розвиватися зараз у журналістиці, то ментор, який починав кар'єру в 1990-х і все життя пропрацював у друкованих виданнях, може й не допомогти вам знайти роботу в онлайн-виданні. Навіть якщо це метр, про якого ви читали в підручнику з журналістики.

ДЕ ЗНАЙТИ МЕНТОРА?

Просити допомоги і поради у більш досвідченої людини — це нормальний і ефективний підхід до побудови власного життя й кар'єри. І щоб у вас із цим інструментом точно все склалося, ви маєте дещо зробити, перш ніж шукати ментора.

Дайте собі відповідь на питання «Навіщо мені ментор?» і визначте власну мету такої співпраці. На жаль, часто ми хочемо перекласти на ментора відповідальність за свої рішення. Але жодна психічно здорова людина не братиме її на себе. Наставник не вирішить замість вас, що вам потрібно і куди рухатися. А той, хто вестиме вас до своїх цілей, а не до ваших, у довготривалій перспективі скоріше нашкодить, ніж допоможе.

Будьте готові проявляти активність та ініціативу. Саме ви регулюєте спілкування з ментором, просите про зустріч, запитуєте, шукаєте поради, тимчасом як він перебуває в пасивній ролі — відповідає на ваші запити. Якщо ви не готові звертатися по допомогу і активно проявляти інтерес, ви не зможете отримати користь від ментора. Слова «соромно» і «незручно відволікати людину» варто забути. Повірте, ментор сам вам про це скаже і відрегулює графік спілкування, якщо буде потрібно, але ваша ініціатива та мотивація — це саме те, що в принципі спонукає людину вам допомогти.

Приготуйтеся діяти та реалізовувати заплановане. Ментор за вас не зробить. Якщо ви наважились використовувати час і досвід іншої людини, ви відповідаєте за реалізацію запланованого. Мотивація ментора — ваш успіх і досягнення. Якщо ви не готові діяти так, як радить ментор, або відчуваєте, що його погляди суперечать вашим переконанням і ви точно не діятимете так, — краще одразу відмовитися від співпраці.

ДЕ МОЖНА ШУКАТИ МЕНТОРА?

- *Профільні заходи та конференції*. Велика перевага таких заходів у тому, що ви одразу можете познайомитися з людиною і встановити контакт.
- *Медіа*. Оберіть ресурс, куди дописують професіонали вашої галузі, і знайдіть автора, в якого вам є чого повчитися.
- *Школи, курси, воркшопи*. Подивіться, чи є у вашому місті освітні заходи на цікаву для вас тему, і дізнайтеся, хто їх проводить — це можуть бути ваші потенційні ментори або ті, хто підкаже, де їх шукати.
- *Професійні групи та спільноти в соцмережах*. З'ясуйте, де в соцмережах збираються люди вашої професії для обговорення професійних питань, і долучіться до них.

- *Ваше оточення*. Не соромтеся запитувати й шукати: ваші друзі, колеги, родичі можуть знати того, хто вам потрібен.

Якщо ви тільки починаєте свій професійний шлях, ментором може стати керівник вашого стажування чи першої роботи. В одній зі статей на Happy Monday своїм досвідом поділилася Катя. Вона розповіла, що коли на четвертому курсі почала працювати редактором на телеканалі, наставницею для неї стала її перша керівниця. І хоча їхні ролі не були чітко розподілені: ось менті, а ось — менторка, Катя отримувала необхідні знання, коригувала відповідним чином свою роботу, дізнавалася більше про кар'єрні можливості. А завдяки тому, що вони працювали разом, навчання відбувалося щодня. У такій ситуації є лише один недолік — спільна робота з ментором здебільшого закінчується одразу після звільнення.

ЯК ЗАЦІКАВИТИ МЕНТОРА У СПІВПРАЦІ?

Найголовніше — встановити контакт з ментором і зацікавити людину, адже ви претендуєте на її час, а це чи не найцінніший ресурс, яким з вами можуть поділитися.

Зазначу, що менторство в Україні — явище поки не таке поширене і далеко не всі знають, як усе має відбуватися. Тому пропозиція від незнайомої людини може навіть налякати. Тож не варто одразу просити стати ментором для вас. Адже на першому побаченні ніхто не одружується. Менторські стосунки — теж стосунки. Їх потрібно будувати поступово. Попросіть спочатку про зустріч, поставте перші запитання. Якщо бажаєте продовжити спілкування, дізнайтеся про можливість час від часу звертатися до людини по допомогу і поради.

За час роботи програми наставництва MakeMeBetter ми поцікавилися у понад 50 професіоналів, що має бути в запиті на таку консультацію, щоб отримати відповідь.

1. Потрапляння в досвід: важливо, щоб сфера знань ментора і та, яку ви сформулювали в запиті, збігалися.
2. Відповідь на запитання: «Чому саме мене обрали для ролі ментора?».
3. Конкретний запит, чого ви хочете досягти / які знання отримати з допомогою ментора.
4. Попередній досвід: які кроки ви вже зробили самостійно, що вдалося / не вдалося й чому.
5. Дотримання ділового етикету: грамотний лист, ввічливе прохання, вдячність.

ДО РЕЧІ, МЕНТОРСТВО ПРАЦЮЄ Й НАВПАКИ

Менторство — корисний інструмент для кар'єрного розвитку не лише тоді, коли ви менті й отримуєте допомогу від професіонала. Бути ментором і ділитися знаннями й досвідом — не менш корисно.

По-перше, це спосіб вирости з експерта в менеджери, отримати навички розвитку підопічного або команди, навчитися передавати знання і розвивати інших. Це необхідна якість для професійного зростання самого ментора, і багато хто використовує цей інструмент, щоб здобути такий досвід і претендувати на підвищення і кар'єрне просування.

По-друге, це можливість структурувати власний досвід і знання, зрозуміти свої сильні риси і заповнити прогалини. Передаючи знання іншим, можна усвідомити й інвентаризувати власну експертність, визначити для себе сферу подальшого розвитку.

По-третє, це можливість отримати порцію мотивації, натхнення та врізноманітнити свою діяльність, не змінюючи сфери. Залученість підопічного, перші кроки та перемоги падавана допомагають по-новому поглянути на свою професію і досвід, прибрати наліт нудьги й буденності.

На програмі MakeMeBetter була пара менторки й менті, які дуже довго працювали разом. І наставниці для роботи з підопічною доводилося настільки інтенсивно розвиватися й самій, що в підсумку вона переросла свою посаду і знайшла роботу на рівень вище. Вгадаєте, кого вона порекомендувала (ще й успішно) на своє місце? Правильно — свою менті. Win-win ситуація!

Зрештою, так передають знання, коли просто хочуть ділитися. Людство з покоління в покоління поширює власний досвід. Це закладено в нас на інстинктивному рівні. На різних професійних етапах трапляються моменти, коли знання переповнюють, але змоги передати їх команді чи колегам немає, а сміливості для виходу на «велику сцену» ще не вистачає. І менторство — це досить органічний спосіб стати експертом і вчителем, віддати те, що хочеться, — і рухатися далі.

Історія № 8

Після виходу на пенсію В'ячеслав не зміг миритися з тим, що цікаве життя для нього закінчилось. Він виробив власний алгоритм пошуку роботи і влаштувався не абикуди, а в ІТ-компанію — у команду, молодшу за нього втричі. Його історія доводить, що навіть у цьому віці можна не просто знайти роботу, а й опанувати нову професію — якщо довіряти оточенню, але покладатися тільки на свої сили.

В'ячеслав Лук'янчук

У минулому житті я кандидат хімічних наук. Майже все життя пропрацював у Національній академії наук України — спочатку в Інституті фізичної хімії, а потім в Інституті сорбції та проблем ендоекології. Був «сухим» ученим — займався науковою роботою, паралельно викладав фізичну хімію та біохімію, у житті розмовляв, як на наукових конференціях.

Після виходу на пенсію продовжив роботу в інституті, але вже не як учений, а як завідувач відділу науково-технічної інформації: наповнював сайт, експонував на виставках наукові досягнення інституту, завідував бібліотекою й оцифровував її. Але це була вже інша робота. Коли ти вчений, то постійно змагаєшся сам із собою: ставиш нові цілі й досягаєш їх. І це бажання рухатися вперед залишилось, а задовольнити його повністю не вдавалося.

Крім того, через особливості фінансування НАН України контракт зі мною переукладали щомісяця. Нестабільна позиція, майже мінімальна зарплата. Я не міг змиритися з тим, що цікаве життя для мене закінчилось. Тож ризикнув і звільнився, але вже за тиждень зрозумів, що відпочивати й сидіти на лавочці ще рано. Я хотів щось робити, бути корисним, тому почав шукати роботу.

Насамперед я вирішив з'ясувати, ким можу працювати. Для цього зробив інвентаризацію своїх навичок: узяв аркуш паперу і перерахував усе, що робив протягом життя. Усю свою хімічну практику я описав двома словами: хімічний гурток. Натомість згадав багато що не тільки з робочого, а й з життєвого досвіду: володію англійською мовою, вмію сперечатися й домовлятися, знаюся на вихованні дітей, займаюся спортом, фотографую тощо.

Тож я почав шукати цікаві професії, які відповідали б чомусь із цього переліку. Мені здається, без цього етапу знайти роботу неможливо. З віком людині дедалі важливіше працювати згідно зі своїми вподобаннями, світоглядом і відповідно до свого характеру. Вона просто не втримається на роботі, яка йтиме всупереч цим критеріям.

Для кожної професії, що здавалася мені підходящою, я брав окремий аркуш, ділив його навпіл і ліворуч виписував реальні вимоги до кандидата на цю вакансію, а праворуч — наскільки я їм відповідаю. Якщо обидва стовпці збігалися на 60 %, я розумів, що така робота мені підходить і можна подаватися.

Спочатку я шукав оголошення про роботу в газетах, але жодних хороших пропозицій не знайшов. Потім звернувся до центру зайнятості, але теж безрезультатно. Я вважав себе крутим — кандидат наук, маю величезний досвід, а мені пропонують підлогу мити. Ну а потім вийшов в інтернет і почав шукати там.

Цей процес не був ані швидким, ані простим. Щоб знайти роботу, мені знадобилося 4,5 місяця, понад 50 резюме і приблизно 40 співбесід. За цей час я багато чого проаналізував і зрозумів, що «обійти» ейджизм можливо.

По-перше, не варто сподіватися на когось і очікувати, що вам хтось щось винен, слід розраховувати лише на себе. По-друге — треба зрозуміти, що пенсіонерів дуже багато і роботи для всіх не вистачить. Отже, щоб на вас звернули увагу, потрібно «продати» себе роботодавцю, довести вигідність вашої співпраці, переконати, що ви найкращий.

Показати, що ви розумієте власну цінність, умієте підтримати розмову, готові навчатися, а ще — здорові емоційно, маєте гарний вигляд і хорошу фізичну форму. Людину, яка човгає ногами, ходить, зігнувшись у дугу, й на все скаржиться, не візьмуть на роботу. Бо роботодавець хоче бачити впевнену людину, а не жалкувати, що взяв старигана, який гальмує його бізнес. Я, наприклад, улітку щотижня 9 годин граю в теніс, 3–4 години катаюся на велосипеді і проходжу пішки 42 кілометри. У вільний час читаю, дивлюся фільми англійською, відвідую театр.

Крім того, варто змінити й підхід до самого пошуку. Коли людина немолода, вона вже не може просто сидіти й чекати, поки її покличуть на роботу. Бо не покличуть. Навіть просто надіслати резюме — недостатньо. Я вчився на кожній невдалій спробі, виконував роботу над помилками, читав статті, огляди й аналітичні матеріали про пошук роботи і зрозумів, що краще не просто надсилати резюме, а й робити його адаптивним, доповнювати супровідним листом і рекомендаціями.

За все життя я лише раз перейшов з одного інституту до другого всередині НАН України, тож досвіду написання конкурентного адаптивного резюме не мав. Тому перше резюме я складав понад 6 годин — дивився на резюме інших людей, читав поради, розбирався, що в ньому має бути. Кажу «перше», а не єдине, бо під кожну вакансію потрібно робити окреме адаптивне резюме — і зазначити в ньому той досвід, навички й переваги, які підходять для цієї конкретної вакансії. Інакше роботодавець серед зайвої інформації так і не з'ясує, що ви дійсно відповідаєте його вимогам. До того ж це неповага до людини, яка питає одне, а їй розповідають інше.

Насамперед важливо відповідати очікуванням працедавця щодо якомога більшої кількості вимог, а краще й перевершувати їх. Наприклад, коли я відправляв резюме на вакансію копірайтера, то додатково зазначав, що можу писати англійською, складати побутові, технічні, рекламні тексти, робити огляди й аналітичний аналіз ніші ринку, і це вирізняло мене серед інших кандидатів. Перше «вистраждане» резюме стало основою для наступних, тож підготовка останнього зайняла в мене лише 10 хвилин методом копі-пейсту. А взагалі, як я вже казав, за 4,5 місяця пошуку я написав понад 50 резюме.

Після певної кількості негативних спроб я також зрозумів, що важливо писати супровідний лист. Адже це, по суті, і є перша зустріч із роботодавцем, можливість написати йому безпосередньо, задіявши емоційну складову. До того ж саме тут можна надати невелику кількість менш важливої інформації про себе — досвід у споріднених сферах, особисті якості, інші здобутки і навіть хобі.

Крім резюме й супровідного листа, я надсилав потенційним роботодавцям рекомендації від попередніх працедавців. Справа в тому, що через брак фінансування співробітників системи НАН України керівництво інституту час від часу відправляло нас у відпустку за власний рахунок — на три місяці чи навіть на пів року. На цей час я наймався працювати то в рекламне агентство, то в туристичну агенцію, то водив екскурсії Києвом. Одне слово — використовував будь-яку можливість, і ось тепер це монетизувалося у схвальні відгуки. Таким чином я зібрав 7 рекомендацій.

Свою першу співбесіду я майже забув — у такому стресі вона пройшла. Пам'ятаю, як сидів і чекав. Як зайшов і почав відповідати. А потім — усе. Отямився тільки в кінці, коли сказали: «Ми вам зателефонуємо». Відтоді завжди мав при собі валеріану в таблетках, аби не перехвилюватися.

Я ретельно готувався до кожної співбесіди: читав про компанію, писав самопрезентацію і проговорював її перед дзеркалом. Я йшов туди, мов на свято: штани зі стрілками, випрасувана сорочка. Та це й було для мене святом. Уявляв себе молодим, розправляв плечі, посміхався. Намагався поводитися на інтерв'ю як повноправний учасник процесу, а не якийсь жебрак із простягнутою рукою. Адже не лише мені потрібна робота, а й компанії — цінний працівник. Інакше на вас дивитимуться й думатимуть: ось людина прийшла не працювати, а просити — роботу, гроші, надбавки, вихідні. Після 4–5 співбесід майстерність відточується, і можна навіть пожартувати. Загалом я пройшов приблизно 40 співбесід і потроху зрозумів, які питання до чого ведуть і як пасивно керувати самим процесом.

Найскладніше — не зневіритись і не опустити руки. Я для себе придумав цілу систему. По-перше, потрібно сприймати пошук роботи як гру, бо якщо серйозно витрачати емоції, психіка не витримає. Легкість сприйняття дуже важлива.

По-друге, обмежити (хоча б на час пошуку) спілкування з людьми, у яких завжди все погано і які заздалегідь упевнені, що у вас нічого не вийде. Натомість важливо більше спілкуватися з однодумцями — людьми зі схожими інтересами, з якими можна говорити на цю тему і які підтримають. Ідеально — якщо вони так само, як і ви, шукають роботу. У мене був такий знайомий, з яким ми зідзвонювалися щодня, ділилися новинами, враженнями, обговорювали помилки й отримували таким чином подвійний досвід.

Ну й по-третє, підтримувати себе. Я, наприклад, люблю солодке, і коли траплялася дуже відверта невдача, я йшов у магазин і купував собі морозиво. А якщо все складалося добре, я подумки вирізав собі зірку з картону й пришпилював її на груди. А ще в той час я перечитував свою улюблену книжку, головний герой якої для мене є взірцем стійкості, — «Хрещений батько» Маріо П'юзо. Це підтримувало й надихало мене на нові співбесіди, хоч би скільки сил вони забирали.

* * *

Зрештою, я знайшов роботу в соціально відповідальній IT-компанії, яка готова була мене навчати, й отримав нову спеціальність — лінкбілдер, помічник SEO-спеціаліста й Outreach-спеціаліст. А якщо просто: я допомагаю сайтам вийти на перші позиції в пошукових запитах. Робота цікава і дуже мені подобається, бо я сам собі обираю обсяг, який маю виконати. Графік теж можу підлаштовувати під себе, хоча мені зручно працювати в традиційному діапазоні — з 9-ї до 18-ї. За потреби можу попрацювати кілька днів із дому чи взагалі взяти вихідні.

Моя зарплата залежить від обсягу виконаних завдань, але в будь-якому разі вона перевищує пенсію у 3–5 разів. Коли мене про це питають скептики-пенсіонери, то жартую, що тепер можу зайти в аптеку й придбати все, що хочу.

Середній вік у моєму відділі — 20–21 рік, тобто мої колеги молодші за мене втричі. Коли я викладав, мені часто траплялися відверто слабкі молоді люди, які не виявляли цікавості ні до чого. А хлопці й дівчата, з якими я працюю зараз, — це цвіт молоді. Я ними захоплююсь і вдячний, що вони прийняли мене в команду як свого, без огляду на вік і можливості.

Я побачив, як наполегливо вони працюють, а багато хто ще й паралельно навчається. Були й такі, що втрачали сили і мотивацію, і мені дуже хотілося поділитися з ними своїм досвідом ефективної роботи. А щоб якомога краще це донести, я пішов навчатися на магістра психології і нещодавно захистив магістерську роботу на основі дослідження вигорання IT-фахівців, що провів серед своїх колег.

Щоб протидіяти вигоранню на робочому місці, я проводжу для команди заняття з йоги, короткі щоденні аутотренінги за методикою Шульца і тренування з тенісу, в яких за два роки взяли участь понад 30 хлопців і дівчат. Несподівано з'ясувалося, що хто має кращі успіхи в тенісі, той і працює ефективніше.

Моє життя розділилося на «до» й «після» нової роботи. Я пам'ятаю, як у дитинстві вперше дивився кольоровий телевізор, і маю схожі враження: мій світ наче став кольоровим, цікавішим. З'явилася фантастична мотивація. Відтоді як пішов працювати в молодий колектив, я не вживаю слово «старість» навіть подумки! Тепер, коли я дивлюся в дзеркало, я не бачу старигана. Я бачу себе таким, як і люди, які мене оточують. І мені хочеться, аби всі повірили в те, що круто змінити своє життя можливо в будь-якому віці.

Частина п'ята

Як будувати кар'єру в кайф: поради, які дозволять почуватися щасливішими в роботі

На мою думку, для цього потрібно небагато. По-перше — отримувати задоволення від того, що ви робите. По-друге — бути в ресурсі. А по-третє — підтримувати свою мотивацію. Розберімо кожне з них по черзі.

РОЗДІЛ

17

Задоволення від роботи: міф чи реальність?

Знаєте, якби ми з вами жили 20–30 років тому, цього розділу взагалі не було б (та чого там — і книжки теж). Мені й на думку не спало би розповідати про задоволення від роботи, здійснення мрій чи розвиток талантів. Є робота? Вітаю, ви вже успішно будуєте кар'єру.

Добре, що ми живемо в такі часи, коли отримувати кайф від того, що робиш, — не лише «було б непогано», а просто-таки необхідно, аби професійно розвиватися. Погано, що старі установки, які передали нам у спадок батьки та дідусі-бабусі, й досі мають потужний вплив на наше ставлення до роботи як до неуникного тягаря.

Нещодавно спілкувалася зі знайомою, яка влаштувалася на роботу в іноземну компанію. Вона поперваx була шокована тим, що, ВИЯВЛЯЄТЬСЯ, ставлення до працівників може бути нормальним. За 15 років попередньої роботи вона не звикла до таких банальних, здавалося б, речей, як своєчасна виплата зарплати, відсутність переробок, повага до працівників й урахування їхньої думки. Звісно, цей приклад не характеризує весь ринок, але, на жаль, характеризує нас — ми звикли радіти тому, що є, погоджуватись на менше, ніж заслуговуємо, й відсувати свої потреби та бажання на задній план. П'ятирічка за три роки настільки в'їлася в нашу ДНК, що ми вперто продовжуємо забивати на себе й рвати на грудях сорочку, навіть якщо цього від нас ніхто не вимагає і це тільки шкодить нашій ефективності.

Цікаво, що таке сприйняття може вилитися і в інші крайнощі. Уявімо, що ви тривалий час не отримували задоволення від роботи, терпіли її заради грошей чи бозна ще чого, але одного дня не витримали й звільнилися. Що ви тепер шукатимете? З великою імовірністю — роботу, на якій вам подобатиметься все: «Ну, цього разу я так не помилюсь. Та я й палець об палець не вдарю, якщо не лежатиме душа. Тільки задоволення, тільки хардкор!». Але в цьому випадку принцип «діяти від супротивного» може зіграти з вами злий жарт, бо такої роботи насправді не буває.

Робота по своїй суті — це вирішення якоїсь проблеми, створення чогось нового чи розвиток уже наявного. Окей, іноді світу потрібні люди, які гладитимуть котів чи обійматимуть панд, але в 99 % випадків робота — це докладання зусиль, подолання труднощів і рух уперед. Вона не може бути в кайф постійно. Іноді щось не виходить, хтось засмучує чи доводиться робити те, що не подобається. Головне — щоб такого не було в надлишку.

Я раджу зрозуміти, які проблеми вам подобається вирішувати. Чи навіть кардинальніше: яке страждання ви готові терпіти. Якщо негатив усе одно буде — із чим ви миритиметеся, а що свідчитиме, що робота вам категорично не підходить і варто шукати іншу? Загалом тут можна застосувати славнозвісний принцип Парето, трохи його видозмінивши: якщо 80 % робочих завдань дарують вам задоволення, а 20 % задач трохи дратують — ви професіонал-щасливець, який перебуває на своєму місці.

А наповнення цих 80 і 20 % у кожного різне. Я, наприклад, полізла б на стіну, якби мені цілий день доводилося працювати з текстами, тимчасом як для Насті, моєї співавторки, саме така робота — ідеальна. Мені в кайф комунікувати з клієнтом і знаходити для нього найкраще рішення, а Настя насолоджується, коли не потрібно взаємодіяти ні з ким і ні з чим, окрім літер. Обом нам доводиться час від часу робити те, від чого ми не в захваті: мені — писати довгі статті чи складати договори, а Насті — спілкуватися з клієнтами чи занурюватися в аналітику. Але поки кожна з нас 80 % свого часу приділяє улюбленим задачам — ми отримуємо задоволення від роботи загалом.

Утім, іноді від роботи можна втомитися. Навіть від тієї, яка раніше влаштовувала на 80 % і більше. Парадоксально, але вигоріти від улюбленої справи навіть легше, ніж коли робота не приносить жодного задоволення, бо між собою і роботою, якою «палаєш», не ставиш жодних бар'єрів, генеруєш ідеї 24/7 і не помічаєш, що розряджаєшся, мов акумулятор. І якось уранці прокидаєшся з думкою: «Невже знову потрібно шукати нову роботу, бо ця не приносить мені задоволення?!».

Так от — необов'язково шукати. У більшості випадків (звісно, якщо до цього вас усе влаштовувало) втрата «смаку» до роботи пояснюється втомою чи гірше — вигоранням. Але цю проблему можна розв'язати, не звільняючись. Відновлення — від банального виспатись до тривалого відпочинку від роботи — здатне повернути втрачене задоволення.

Покерувавши Happy Monday півтора року, я раптом захотіла звільнитися з власної компанії. Я дуже злякалася, що бізнес, у який було інвестовано стільки зусиль, перестав мене запалювати. Але варто було взяти відпустку й провести її, насолоджуючись краєвидами яскравих італійських містечок, як я повернулася з новим запалом та ідеями. Ми з командою запустили новий сайт, узялися за десяток нових проєктів, реалізували круті партнерства та шаленіли від наших досягнень. Хоча я могла підкоритися своєму страху й припинити функціонування компанії.

Тому якщо рівень вашого щастя на роботі раптово впав, не поспішайте ставити хрест на своїй діяльності. Ваш крок № 0 — відпочити й перевірити, чи повернуться ваші мінімум 80 % задоволення.

А що ж робити з тими 20 %, які можуть не задовольняти навіть на суперкласній роботі? Звісно, якщо ви здатні вплинути на зменшення негативних факторів — обов'язково спробуйте адаптувати роботу під себе. Делегуйте частину обов'язків, обміняйтесь ними з колегами, лобіюйте розширення відділу або, зрештою, попросіть вищу винагороду чи інші бонуси, які компенсують ваше невдоволення. Але якщо ви не можете змінити те, що вам не подобається, і при цьому більшість часу ви задоволені — спробуйте просто прийняти негативні аспекти роботи як її невіддільну складову.

В ідеалі людина має нормально переживати різні стани, зокрема невдачі й неприємні моменти. Здатність об'єктивно сприймати і проживати те, що з нами відбувається, і є емоційним здоров'ям. Не варто боятися негативу й намагатися уникнути його будь-яким способом. Позитивна психологія має місце бути, але переконувати себе, що все супер, стримуючи сльози, — такий собі задум. Краще навчитися приймати неприємні аспекти життя і по змозі виправляти їх, а не робити вигляд, що нічого поганого не існує.

Ви дивилися мультфільм «Думками навиворіт»? * Там 11-річною дівчинкою Райлі керують персоніфіковані емоції,

* Inside Out, 2015.

і Радість постійно намагається стояти біля керма, ховаючи Сум якнайдалі в куток, бо сумувати — це погано. Аж поки не виявляється, що Сум необхідний Райлі, аби пережити певні події і впоратись із труднощами. Не прийнявши й не проживши його, не можна рухатись уперед.

Негативні аспекти є майже в кожної роботи. Втім, намагаючись якомога далі відійти від радянського дискурсу і продемонструвати людям іншу картинку реальності, медіа вдалися до інших крайнощів і показують здебільшого історії професійного успіху. Це такий парадокс доступності інформації, коли здається, ніби всі навколо тільки й роблять, що стають CEO у 25 років чи перестають працювати «на дядька» й відкривають успішний бізнес.

Я теж час від часу даю інтерв'ю на різні теми, і коли доходить до обговорення мого бізнесу, фокус найчастіше один: «Розкажіть, як вам вдалося». Мало хто хоче чути про все, що мені не вдавалося, про 4 роки спроб і помилок, про безсонні ночі, про гарячкові намагання заплатити зарплати грошима, яких немає, — бо це псує красиву картинку й демотивує. Але демотивувальні речі будуть усе одно — хочете ви цього чи ні. Один із сотні, а то й тисячі бізнесменів досягає успіху. Але веселіше й надихаюче читати про те, що ось у мене до 30 років свій бізнес, підлеглі, я сама собі хазяйка, а вже і грошей заробляю...

Прикладів блискучого успіху багато, і вони такі спокусливі, що вимикають наше критичне мислення. Якось не хочеться думати, що стоїть за історією кожної успішної людини. Хочеться просто бац! — і все вдалося. Це бажання підхоплює інфобізнес, і от уже здається, що всі навколо або вже успішні, або ще навчаються ними бути, або навчають інших.

У підсумку маємо школярів та студентів, які не бачать сенсу робити будь-що, бо можна стати блогером і заробляти мільйони на ютубі. Або людей, яких демотивують найменші труднощі в роботі і які не готові долати їх і себе заради результату. Як роботодавець можу чесно сказати, що бізнесу такі люди не потрібні.

Ще раз повторю: чекати, що знайдеться робота, де все буде влаштовувати на 100 %, — утопічно. Зрештою, я впевнена, що навіть тій людині, яка обіймає панд, щось та не подобається.

РОЗДІЛ 18

Що не так із ворк-лайф балансом?

На одній з наших конференцій ProForum своїми кар'єрними правилами ділилася підприємиця Саша Дєргоусова. Одне з них звучало так: «*Робота — це життя, але життя — це не тільки робота*». Мені цей припис дуже відгукується. Власне, це одна з найголовніших штук, яку я хотіла б озвучити в книжці про кар'єру: аби робота була в кайф, у житті має бути щось, окрім неї.

Щоб були щасливими робочі дні, мають бути щасливі вихідні (і в принципі вони мають бути!). Розділяти роботу й відпочинок — навичка, яку потрібно тренувати, якщо хочете працювати в задоволення.

Так це і є ворк-лайф баланс, скажете ви й запитаєте, що я маю проти нього. Та я тільки радію, що є таке поняття на позначення часу поза роботою і що його необхідність зараз активно обговорюється й пояснюється в медійному просторі. Ми дійсно маємо ставити якісь обмеження для роботи й відкривати для себе інші аспекти життя, але...

Мені дуже не подобається сам термін, і я вважаю, що його можна неправильно трактувати. Ворк-лайф баланс ніби ділить ваше буття на дві протилежності — роботу й життя. А мені здається, що все влаштовано складніше: життя багатогранне, у ньому є навчання, спілкування, спорт, секс — усе це його складові. Чому ж робота має бути окремим шматком, який постійно протиставляють «справжньому життю»? На мою думку, життя має бути цілісним.

Крім того, термін «ворк-лайф баланс» ніби припускає, що ваше буття має ділитися на роботу й життя рівно 50 на 50, інакше це не справжній баланс, а перекіс в один бік. Похідні від цього — різноманітні колеса життєвого балансу, які мене відверто лякають. Ви, мабуть, знаєте — це такі інструменти для відстеження гармонійності вашого життя. Ви позначаєте, наскільки розбалансовані 8 важливих для вас сфер, ставите собі цілі по кожній і починаєте працювати над досягненням балансу. Всіх восьми сфер. Одночасно. Я коли це уявляю, то бачу або людину, яка провалює майже всі цілі, або людину, яка загнала себе настільки, що це колесо її ж і розчавило.

Мені здається, що досягти балансу як такого — неможливо. Зате реально досягти балансу особистого, який може здаватися навіть і не балансом, але для вас означатиме максимальну гармонію.

Для цього потрібно визначитися, що в цей період життя є для вас пріоритетом, і кинути на це більшу частину ресурсів. Якщо зараз у вас у пріоритеті робота — працюйте. Працюйте 10–12 годин, на вихідних і у свята — якщо, звісно, маєте змогу й сили. Наприклад, вам 18–25 років, ви маєте купу енергії, амбіцій, час, потребу в грошах, досвіді й не маєте при цьому інших зобов'язань. Чому б ні? Коли я у 22 роки потрапила на роботу в компанію, з якої могла спокійно йти о 18-й, мені було вкрай дискомфортно. В мені «палав» вогонь, я хотіла встигати більше, досягати швидше. Мені не потрібен був баланс. Принаймні тоді.

З часом пріоритети змінюються, це природно. В якийсь момент вашим пріоритетом може стати родина, і роботу доведеться посунути на задній план. Звісно, ви не зможете зовсім її кинути, але, обравши свій пріоритет на певний період, можете перестати працювати понаднормово, відмовитись від додаткових проєктів, попросити на роботі про гнучкий графік і налагодити життя так, щоб більше часу проводити з близькими.

Пріоритетом може бути ваше здоров'я — коли ви виснажилися, вигоріли чи з інших причин. Тоді ви берете тривалу відпустку або домовляєтесь щодня йти з роботи о 16-й, щоб подбати про себе. І якщо це нема як реалізувати на поточному місці роботи, шукаєте варіант, де це буде можливо. Бо такий у вас зараз пріоритет. Мені здається, що це значно здоровіша позиція, ніж відчайдушно тримати баланс, намагаючись устигнути всюди й одразу.

Найголовніше — орієнтуватися на те, що потрібно в конкретний період вашого життя саме вам. Не намагатися натягнути на себе чужі уявлення про те, яким має бути баланс, а потім докоряти, що нічого не вийшло. Якщо вам зусібіч змальовують ідеальну картинку жінки, яка будує успішну кар'єру, виховує дітей, веде господарство й бігає марафони, не намагайтеся зі шкури пнутися тільки тому, що хтось сказав, що це і є баланс, якого варто прагнути. Поставте собі власні пріоритети й облаштуйте життя так, щоб не витрачати час на те, що не є для вас зараз надважливим. Наприклад, розділіть домашні справи з партнером чи взагалі делегуйте їх третім особам і в жодному разі не докоряйте собі за те, що ви погана хазяйка.

Із цим розібралися. Але сформувати власне уявлення гармонійного життя — лише половина справи. Інша половина, не менш важлива — його захищати. Всі хотітимуть від вас різного: керівник — щоб ви затримувались на роботі, батьки — щоб ви кинули ту кар'єру й народили дитину, суспільство — щоб ви встигали геть усе, ще й посміхалися. Але механізм, який нами керує, має бути лише всередині нас, пам'ятаєте? Це стосується й балансу.

Не варто сподіватись, що вас змусять піти у відпустку, щоб ви не перепрацьовували. Чи запропонують гнучкий графік, бо у вас дитина. Чи просто помітять, що ви перевантажені, і знімуть частину обов'язків. Таке можливо, але сподіватись не варто. Якщо ви самі не піклуватиметесь про себе, ніхто не потурбується, бо нікому, крім вас, це не потрібно. Складно поважати кордони людини, яка не здатна їх вибудувати й відстояти.

Важливо при цьому не впадати в крайнощі (а такий ризик існує). Бо часто буває, що зрозумівши, як зручно для нас, ми йдемо на лобове зіткнення з бажаннями й потребами інших. До мене на співбесіди час від часу приходять кандидати, які з порога повідомляють, що зникатимуть з офісу на дві години посеред дня через тренування. Я не кажу, що це неприйнятна вимога, але не тоді, коли ви ще не показали власної цінності, не вибудували довірчі взаємини з роботодавцем і не встигли показати йому, що вам варто йти на поступки. У консалтинговій компанії, де я свого часу працювала, був досить жорсткий графік — на роботі потрібно було бути рівно о 9-й і ні секундою пізніше. Але навіть в умовах такої дисципліни я виторгувала собі можливість працювати за гнучкішим графіком — та тільки після того, як довела, що можу виконувати свою роботу якісно і вчасно.

А от знайома моєї знайомої постійно спізнюється на роботу на годину, бо вранці їй потрібен час на себе. Час на себе зранку — це чудово, мені він теж потрібен. Але якщо ви розумієте, що вам зручно починати роботу об 11-й і ви не готові жертвувати своїм комфортом, навіщо працювати там, де роботу починають о 10-й? Якщо для вас це критично важливо, а компанію не влаштовує і домовитись не виходить — отже, треба шукати іншу роботу / формат зайнятості.

Відстоювати свої кордони потрібно, проте варто водночас врахувати потреби роботодавця й показати, що ви можете бути корисні йому попри нестандартні запити. Іти назустріч вам і на шкоду собі не стане навіть ідеальний роботодавець. Якщо ж він розуміє, що його потреби будуть закриті в тому форматі, який потрібен вам, — це ситуація win-win. Або якщо ви дуже цінний працівник, і він розуміє, що втратить більше, якщо зараз не піде на поступки.

Кілька років тому моя співавторка Настя звернулась до мене з проханням піти в «підпільний режим» — місяць виконувати тільки мінімальний обсяг завдань, критично важливих для функціонування бізнесу, частину делегувати, не братися за нові проєкти, не брати участі в командних обговореннях тощо. Настя відчувала наближення вигорання і хотіла таким чином відновити ресурс. Вона заздалегідь продумала, що й кому можна передати, як це організувати, й занизила собі на цей місяць зарплату.

Чи мені було окей? Звісно, ні, бо певна функція мого бізнесу не розвивалася місяць. Але я розуміла, що, не погодившись зараз, з великою імовірністю за деякий час узагалі втрачу співробітницю, а поки знайду нову, мій бізнес може постраждати ще більше. Мені вигідніше було погодитись. Тому не бійтеся просити для себе особливих умов, якщо враховуєте потреби роботодавця та готові й надалі сприяти йому в реалізації його цілей. Досягти свого — питання перемовин, і це набагато реальніше, ніж вам здається.

* * *

Отже, я вважаю, що необов'язково дотримуватись балансу у форматі «я працюю з 9-ї до 18-ї, а потім зась» — краще визначитись із пріоритетами і віддавати більшу частину себе тому, що має для вас значення в поточний момент.

На мою думку, важливіше не дотримуватись міфічного балансу, а підтримувати себе в ресурсному стані. Лише наповнені люди можуть віддавати, до того ж робити це безвідносно до будь-яких рамок.

Я, наприклад, вважаю абсолютно нормальним попрацювати на вихідних, якщо аж розпирає від ідей. Не варто обмежувати себе тільки тому, що зараз вихідний, а роботу й відпочинок потрібно розмежовувати. Якщо ви зараз маєте натхнення й ресурс — чому б і ні? Я за те, щоб не казати собі «ні», коли хочеться ще попрацювати. Але й за те, щоб обов'язково казати собі «так», коли кортить відпочити.

Сприймайте себе як джерело ресурсів для роботи й життя: якщо ви не маєте фізичних і душевних сил, ви не зможете зробити те, що запланували. Пам'ятаєте настанову бортпровідників перед початком польоту? Спочатку одягнути кисневу маску на себе, а вже потім — на інших.

Ресурсність, як і баланс — річ украй індивідуальна. Тому порадити щось конкретне на кшталт «Вставайте о 5-й ранку» я не можу й не хочу. Але, підсумовуючи все вищесказане, поділюся, на мій погляд, універсальними порадами, які допоможуть вам дійти власного бачення ідеального балансу.

ФОРМУЙТЕ ГРАФІК ПІД СЕБЕ, НАСКІЛЬКИ ЦЕ МОЖЛИВО

У постковідній реальності традиційний графік з 9-ї до 18-ї з обов'язковою присутністю в офісі вже не домінуватиме на ринку праці. Та й багато компаній починають розуміти, що результат роботи набагато важливіший за графік як такий. Сьогодні в нас значно більше можливостей для гнучкості, хоч ми ще не звикли нею користуватися.

Спробуйте не розділяти роботу й життя. Наприклад, я дивлюсь на свій тиждень як на єдине полотно можливостей і планую одразу все — і робочі завдання, і зустрічі з друзями, і домашні справи, і косметичні процедури.

Найкращі ідеї у мене виникають увечері, тож я часто працюю навіть після 20-ї (бо мені реально в кайф). Тому я сміливо ставлю неробочі справи в календар посеред дня. Адже якщо я працюю в неробочий час, то справедливо і зворотне — я можу не працювати в робочий. Набагато приємніше відвідати порожній музей у четвер удень, а попрацювати в тиші порожньої кав'ярні в неділю вранці. Потрапити до перукаря значно простіше в понеділок, ніж у суботу. Власне, почасти тому я й обрала для себе формат власного бізнесу — бо він дає мені максимальну свободу керувати своїм графіком (за яку я плачу тим, що відповідаю за роботу компанії та півтора десятка людей).

Якщо ви працюєте в наймі, жити за ідеальним графіком не завжди можливо, але точно можливіше, ніж вам здається. Ви можете думати, що приклеєні до стільця й командного чату, але пів години на прогулянку з кавою знайдуться в кожного. Якось моя співавторка Настя, вже відпрацювавши певний час у Happy Monday, попросила дати їй легальний дозвіл на 20 хвилин читання на роботі (з обов'язковою умовою — не відволікати світськими розмовами, про що книжка). Не як частину обіду чи ще чогось, а просто як додатковий час для себе. Звісно, я погодилась, і цим міг скористатися будь-який співробітник. Це може видатись дрібницею, але вона допомагає відволіктись, перезавантажитись, відкрити друге дихання під кінець дня. І організувати її для себе насправді може більшість із нас, хоч би в яких умовах ми працювали.

А якщо ви прив'язані не до часу, проведеного на роботі, а до результату, то можете бути ще вільнішими з власним графіком. Ніж битися над завданням три години, коли ви геть непродуктивні й потребуєте підзарядки, краще дати собі якийсь час на відпочинок, перезавантаження і з новими силами виконати завдання за годину.

Спробуйте просто не думати, що у вас для життя є лише кілька годин щовечора й два вихідних (у найкращому разі). Можна починати й закінчувати роботу пізніше, якщо вам зранку потрібно більше часу на розкачку. Можна зробити вихідний посеред тижня, а попрацювати на вихідних. Тому подумайте, які можливості вам доступні, протестуйте їх і сформуйте власний графік, за якого будете максимально продуктивні.

Звісно, є люди, графік яких їм не належить — на кшталт лікарів, машиністів чи інших фахівців, яким важливо дотримуватись певного розкладу, який задають не вони. Якщо жорсткий таймінг обумовлюється вашою професією, його варто прийняти як невіддільну частину роботи, яку ви колись обрали і, сподіваюся, отримуєте від неї мінімум 80 % задоволення.

НАПОВНЮЙТЕ ЖИТТЯ ТИМ, ЩО ПРИНОСИТЬ ЗАДОВОЛЕННЯ

У нашому суспільстві заведено ідентифікувати себе через професію. Знайомлячися з новими людьми, у більшості випадків ви зазначите, ким працюєте. Батьки одразу спитають, чим займається ваш новий хлопець / дівчина. Але кар'єра — лише одна з можливостей нашої реалізації.

Уявіть своє життя у вигляді стільця (знаю, звучить дивно, але ж це метафора), ніжки якого — ваші заняття. Якщо ви лише працюєте й вряди-годи перепочиваєте, ваш стілець стоїть на двох ніжках. Здебільшого для стільців це не найкращий варіант. Додаючи до свого життя хобі, волонтерство, батьківство тощо, ви робите свій стілець більш стійким. А життя — яскравішим.

Я розумію, що в нас усіх багато роботи, але якщо при цьому в нашому житті немає місця подорожам, прогулянкам, спілкуванню з людьми, смачній їжі й іншим видам задоволень — мені здається, це величезна помилка. Навіть якщо вашій кар'єрі заздрять усі навколо.

ПІКЛУЙТЕСЯ ПРО СВІЙ ФІЗИЧНИЙ І ПСИХІЧНИЙ СТАН

Привчіться чути себе та свої потреби, відстежувати своє самопочуття на обох рівнях і заряджатися, коли ваша батарейка «сідає». Для цього не потрібно робити багато чи кардинально змінювати своє життя — достатньо просто задовольняти свої потреби, про що ми, на жаль, так часто забуваємо.

Турбота про фізичний стан — це:

- здоровий сон (не 8 годин, а стільки, скільки потрібно вам, аби виспатись);
- правильне харчування;
- бодай мінімальний рівень фізичної активності;
- регулярні медичні обстеження;
- косметичні процедури за потреби чи бажання.

Турбота про психічний стан — це:

- якісний відпочинок у достатній кількості;
- час на себе, близьких та різнопланові активності;

- практика присутності в теперішньому моменті (mindfulness) та медитацій,
- контроль інформації, що надходить з усіх боків, та періодичний інформаційний детокс;
- психотерапія за потреби чи для профілактики.

СТАВТЕ СЕБЕ В ПРІОРИТЕТ

Я розумію, що все це дуже легко на словах, а на ділі зовсім не так. Соромно попросити вихідний, якщо вся команда працює в поті чола. Незручно звертатися по допомогу, щоб не видатись некомпетентними. Страшно просити про поступки — а раптом керівник подумає, що вам начхати на роботу, й звільнить. Але якщо вам справді потрібні ці поступки, ця допомога і цей вихідний — забийте на те, що подумають інші, та зробіть так, як буде краще для вас. Плекайте в собі повагу до своїх же потреб — це дуже важливо і в перспективі зробить вас ефективнішими.

* * *

Шукайте власний баланс. Можливо, це вимагатиме багато часу. Ось я, наприклад, не можу сказати, що дійшла якогось конкретного формату роботи, в якому мені зручно. А може, й узагалі не дійду, бо знаю, що я не людина рутини. Мій баланс якраз і полягає в постійному різноманітті й днях, не схожих один на одний. А для когось із вас чіткий розпорядок і повторювані ритуали, навпаки, звільнять купу енергії для роботи й творчості.

Знайомтеся із собою і пам'ятайте: прислухатися до себе замість натягувати на своє життя чужі уявлення — єдина можливість робити будь-що в задоволення.

РОЗДІЛ 19

Хто має нас мотивувати?

Мотивація — одна з тих речей, які ми чекаємо від інших. Чомусь заведено вважати, що мотивувати має керівник, ейчар, умови роботи, наснажливий проєкт. Але коли в машини закінчується пальне, ми не чекаємо, що працівник заправки вибіжить на дорогу і змусить нас заправитись. Це наша відповідальність — стежити, щоб машина могла їхати далі. А мотивація — це наше з вами пальне для руху вперед. То чому нею має опікуватись хтось інший?

Я завжди мотивувала себе сама. Пам'ятаю, під час останнього року роботи в AIESEC я разів зо три змінювала мотивацію відповідно до обставин. Я працювала в організації вже кілька років, мені подобалося, але був ризик знудитись і кинути, тому я свідомо шукала те, що допоможе мені підтримувати інтерес до роботи.

Спочатку я хотіла показати попередній команді, на що здатна. Показавши, знайшла мотивацію в розвитку команди — хотіла навчити їх того, що знала сама, мене заряджали їхні успіхи. А коли команда виросла, я знайшла мотивацію за межами організації: почала співпрацювати із зовнішніми партнерами, створювати спільні проєкти.

Це було для мене стимулом, оскільки я представляла організацію перед партнерами і не могла їх підвести.

Усі ці мотиватори я придумала сама, ніхто не опікувався тим, аби мені було цікаво й натхненно. Я просто сідала й думала: що в роботі мені найцікавіше на цей момент, що змусить мене рухатись уперед. Ви можете зробити так само. Це можуть бути зовнішні фактори: конкуренція, команда, ваше кар'єрне зростання, внесок у суспільство. А можуть бути й внутрішні, наприклад, особисті стандарти якості чи бажання стати кращими, ніж ви були вчора.

Усе це працює за однієї умови: вам подобається те, що ви робите. Якщо у вас усередині нічого не клацає, немає запалу, внутрішнього бажання — вас не змотивують жодні додаткові цілі, офісні «плюшки», корпоративи чи тренінги. Вони можуть зробити ваше перебування на роботі стерпним, але зі справжньою мотивацією мають небагато спільного. Те саме й з грошима: вони, швидше, стимул, який змушує вас виконувати роботу, але не «запалює». Крім того, гроші слугують сяким-таким мотиватором, лише поки їх не стане достатньо для задоволення ваших базових потреб.

Тому найкращий спосіб спонукати себе до роботи — знайти потрібну роботу. Чесно, ось так просто. Бо є способи підтримувати чи повернути свою мотивацію, але якщо вас не заряджає те, що ви робите, якщо ви не відчуваєте цих 80 % задоволення — діла не буде. Тоді питання не в тому, де знайти мотивацію, а в тому, як знайти цікаве для себе заняття, що мотивуватиме вас саме собою. Про це ми детально говорили в частині другій «Як обрати діяльність, що вам підходить»

Буває, що мотивація падає чи геть зникає, навіть коли ви займаєтесь справою, яка раніше «запалювала». Обговорюючи питання задоволення від роботи, ми вже торкнулися цієї проблеми. Як і у випадку зникнення задоволення, до спаду мотивації найчастіше призводить брак ресурсів та наслідки тривалої втоми. В такому разі достатньо поповнити свої запаси сил та енергії, і мотивація повернеться. Сон, відпочинок і відпустка, щоб на деякий час забути про роботу, здебільшого вирішують цю проблему, якщо мова не йде про серйозніший стан — вигорання. Щоб упоратися з ним, потрібні кардинальніші зміни у вашому підході до роботи / графіка, тривалий відпочинок від роботи, переоцінка цінностей / пріоритетів, а можливо, й допомога психотерапевта.

Отже, якщо вам бракує мотивації, переконайтеся, поперше, що займаєтесь тим, що вас дійсно захоплює, а подруге — що ваші базові потреби задоволені, ви не втомлені й не у стресі. І якщо все в порядку, а вам усе одно не вистачає мотивації, подумаймо, як її можна поповнити.

ТРИМАЙТЕ ФОКУС НА ЦІЛІ. І НЕХАЙ ВОНА ВАМ ПОДОБАЄТЬСЯ

Один з найбільш демотивувальних факторів у будь-якому занятті — не розуміти його мети. У такому разі навіть найулюбленіша справа рано чи пізно перетвориться на рутину, яка не викликає іншого бажання, окрім як перервати ці страждання.

Припустімо, ви крутий режисер чи режисерка рекламних відеороликів. Вас наймає велика компанія й замовляє вам 10 відео про свою роботу. Ви фонтануєте ідеями, знімаєте перші 5 роликів, у які вкладаєте всю душу, аж раптом розумієте, що ці відео не поширюються далі корпоративного ютуб-каналу із сотнею підписників. І взагалі знімали їх для того, щоб поставити пташку й реалізувати маркетинговий бюджет. Тож ви можете бути фанатом своєї справи, сповненим енергії та натхнення, але, закладаюся, наступні 5 відео йтимуть тугувато. Ви не будете вмотивовані, бо не розумієте, навіщо й кому потрібна ваша робота.

Інша справа, якщо керівництво компанії поставить перед вами конкретну мету — зібрати стільки-то переглядів чи реакцій, отримати таку-то нагороду, залучити стільки-то нових співробітників. Зрозуміла й реальна мета — це те, що додає усвідомленості вашій роботі та мотивує.

Тільки важливо, щоб мета відповідала вашим кар'єрним прагненням та цінностям. Наприклад, я свого часу працювала у пивній корпорації і глобальною метою моєї роботи було продати якомога більше алкоголю. З точки зору моїх професійних планів (почати кар'єру на менеджерській посаді у великій корпорації) все збігалося, але ціннісна складова мотивувала не дуже.

ЗБЕРІТЬ СОБІ МОТИВАЦІЙНУ «АПТЕЧКУ» І ЗВЕРТАЙТЕСЯ ДО НЕЇ ЗА ПОТРЕБИ

Мені дуже допомагає мати напохваті список речей, які можуть підзарядити мене в моменти, коли не вистачає мотивації. Така на перший погляд дрібниця допомагає зробити крок назад, перемкнутися на щось іще, окрім роботи, і повертає у стан натхненної продуктивності.

Особливо це важливо у творчих професіях. Бо іноді потрібно видати на-гора щось креативне, а цієї креативності як кіт наплакав. Не варто чекати, поки осяє натхнення, бо людина задоволена й у ресурсі здатна креативити й без нього. Знати, що особисто вас підзаряджає, і вміти самостійно повернути себе «у сідло» — дуже важливо.

Мій список:

1. смачна кава;
2. читання художньої літератури;
3. малювання чи інші види творчості;
4. масажі та SPA-процедури;
5. гра в теніс;
6. довгі піші прогулянки;
7. танці;
8. йога;
9. фотосесія;
10. зустрічі з подругами за вином;
11. приготування незвичних і смачних страв;
12. спонтанні подорожі й поїздки;
13. ігри із собакою;
14. ванна й косметичні процедури;
15. море (дихати, гуляти вздовж і просто бути поряд).

Що ще може бути:

16. музика (слухати чи грати);
17. відвідування концертів / театрів / музеїв;
18. прибирання чи розбирання старих речей;
19. поїздки на природу;
20. шопінг;
21. гучна вечірка з друзями;
22. перегляд улюбленого фільму чи серіалу;
23. писання ранкових сторінок;
24. кермування автомобілем;
25. реставрація меблів;

26. рукоділля;
27. будь-який спорт;
28. контактне спілкування з тваринами;
29. волонтерство й благодійність;
30. час із дітьми;
31. перегляд мотиваційних відео;
32. екскурсія новими місцями;
33. догляд за кімнатними рослинами;
34. посиденьки біля вогнища;
35. відвідування кінотеатру;
36. складання пазлів;
37. перегляд фотографій;
38. медитація;
39. похід у кафе;
40. зустріч світанку чи заходу сонця;
41. допомога іншим;
42. побачення;
43. вивчення іноземної мови;
44. ведення щоденника успіхів;
45. спілкування з близькими;
46. споглядання картин;
47. планування подорожей;
48. вибір і презентування подарунків;
49. складання списку to read;
50. секс.

Це — лише дещиця речей, які можуть наповнювати нас і повертати задоволення життям і мотивацію до роботи. Поспостерігайте за собою і складіть власний список.

СВЯТКУЙТЕ СВОЇ ПЕРЕМОГИ

Відсутність результату може мотивувати не менше, ніж відсутність мети. Добра новина, що результат є у 99 % випадків, ми просто не звикли його помічати. Це зумовлено, знову-таки, особливостями нашого виховання, про які я вже згадувала. Завжди був хтось інший, хто нас оцінював, і оцінка ця здебільшого мала на меті «підсвітити» наші помилки, а не перемоги.

Ми вбираємо таке ставлення до своєї роботи. Це призводить до того, що ми сваримо себе за невдачі, а успіхи сприймаємо як належне: мовляв, а що тут такого. Але фіксувати результат, бачити прогрес, розуміти, що ви виросли й досягли значущої для себе мети, — дуже важливо. На енергії від усвідомлення власних досягнень ми рухаємося до нових звершень.

Якось ми з командою мали провести кілька масштабних подій підряд. І всі ці заходи були дуже енерговитратними й складними в організації, настільки, що після першої не лише в команди, а й у мене опускалися руки і я не знала, де взяти мотивацію для наступного івенту. Це здавалося геть не на часі, але ми якось знайшли в собі сили зібратися й відсвяткувати завершення першої події. Ми ділилися враженнями, смішними історіями, факапами, говорили одне одному компліменти, дякували за роботу, читали відгуки учасників. Потім написали кілька постів у соцмережах й отримали шквал вітань і підтримки від підписників. І знаєте — відкрилося друге дихання й сили взялися ніби й нізвідки.

Тому прошу вас: не забувайте себе хвалити. У будь-якій формі — чи то запис у щоденнику успіхів, чи пост на 5 тисяч ваших фоловерів, чи святковий танець під назвою «У мене вийшло, я молодець», поки ніхто не бачить. Сам себе не похвалиш — ніхто не похвалить, чули про таке?

Наостанок я хочу поділитися з вами порадами читачів Happy Monday. Якось ми запитали їх, як будувати кар'єру з пристрастю, не втрачати інтересу до своєї справи й отримувати від неї задоволення. Сподіваюся, вони стануть вам у пригоді.

> *«Кар'єра не має бути єдиним стимулом у житті. Окрім неї мають бути й інші захоплення, що дозволять отримувати приємні враження. Саме вони дарують нам мотивацію на робочий тиждень».*

> *«Надихає спілкування з колегами й тими, хто "горить" моєю сферою. Тому стараюся відвідувати тематичні конференції, воркшопи, зустрічі. Після них я розумію, що все вийде, хай не дуже швидко, але точно вийде, якщо над цим працювати».*

> *«Не використовую в роботі шаблонні підходи й намагаюся знаходити для клієнтів нову змістовну інформацію. Це не так утомлює і навіть додає нових фарб й отримує підтримку з боку клієнтів та керівництва».*

> *«Не забуваю про колег і допомагаю їм долати різні прояви професійного вигорання. Двері мого кабінету завжди відчинені, намагаюся підтримати та допомогти. Посмішки людей, які мене оточують, надихають мене. Свій баланс підтримую завдяки частковому делегуванню своїх обов'язків колегам — ми*

спільно долаємо всі труднощі, і це зближує. Завжди отримую задоволення, коли виконана робота має зміст і приносить користь іншим».

«Якщо відчуваєте втрату інтересу до роботи, можна поговорити з керівником про подальші кар'єрні можливості та розвиток, а якщо це з певних причин неможливо — визначити певну місію або проєкт, який додасть додаткової цінності буденній роботі. Це може бути щось нове, чим будете займатись лише ви, або це може бути участь у глобальній ініціативі на рівні різних департаментів чи навіть країн».

«Не забувати нагадувати собі та й колегам, що життя — це більше, ніж робота. А коли на роботі проблеми і стрес, потрібно ділитися хорошим — так життя стає цікавішим».

«Любити те, що робиш. Постійно розвиватися. Вирішувати нові, складні завдання. Планувати відпочинок та обов'язково якісно відпочивати, інакше настає вигорання і спад творчої та професійної активності. Визначити, можливо, навіть прописати список речей, які вас надихають, дають сили та ідеї».

«Варто навчитись вбачати радість у, на перший погляд, буденних маленьких успіхах, які робить компанія завдяки вашій діяльності. Такий щоденний заряд позитивної енергії дозволяє впевнено дивитись уперед та продукувати нові ініціативи».

«У пристрасті до роботи працюють ті самі прийоми, що й і у звичайних стосунках з коханою людиною. Приділяти їй (роботі) багато часу, але й давати відпочити одне від одного (ходити у відпустку та не працювати 24/7). Додавати різноманітності у свої задачі, пробувати щось нове. Періодично з'ясовувати ці стосунки, щоб зрозуміти, куди ви рухаєтесь, чи рухаєтесь узагалі і чи бажаєте якихось змін».

Дозвіл на кар'єру мрії

У цій книжці мені хотілося дати вам контраргументи для висловів, указівок чи історій, що виголошують: «Це неправильно, правильно — ось так!». Нам уже давно не ставлять оцінки за «правильні» відповіді. Сьогодні й надалі наше життя — це набір рішень і виборів, які ми робимо. І вкрай важливо, щоб ці рішення й вибори, зокрема у професійному житті, були усвідомлені й вели вас до вас, вашої максимальної реалізації, особистого натхнення й задоволення. І байдуже, що комусь ваш шлях здаватиметься занадто вузьким, заплутаним, широким чи прямим. Головне — аби вам цікаво було ним іти.

Я не люблю мотиваційних промов, бо вірю, що мотивація — штука індивідуальна й живе всередині нас. Але я також знаю: обравши шлях, що порушує звичні уявлення про кар'єру, ви наразитесь на спротив. Можливо, навіть серед найближчого оточення, яке вважатиме, що так якось неправильно, і питатиме, коли ви вже знайдете нормальну роботу.

Тому як фінальний акорд книжки я ризикну взяти на себе сміливість і видати вам «Дозвіл на кар'єру мрії» — офіційне підтвердження вашого права на унікальний професійний маршрут, на зміни, поєднання, розширення і будь-яку літеру алфавіту для вашої кар'єри.

ДОЗВІЛ

НА КАР'ЄРУ МРІЇ

засвідчує, що

____

має непорушне право на побудову
будь-якої кар'єри — на власний розсуд
і за власним бажанням.

Термін дозволу: безстроковий.

A якщо хтось заперечуватиме —
дайте почитати цю книжку.

І наостанок. Якщо вам захочеться більше надихаючих історій чи порад щодо побудови кар'єри за власними правилами або ви просто поділяєте думку, що робота має бути улюбленою, а понеділки щасливими, — я чекатиму вас на www.happymonday.ua.

А якщо ви маєте чим поділитися, хочете розказати власну історію або написати, як вам книжка, я буду рада отримати від вас листа на book@happymonday.ua. Здивуймо світ разом неймовірними кар'єрними шляхами й історіями!

Примітки

1 Employment worldwide by 2020, by generation

2 How Millennials Want to Work and Live, Gallup (2016)

3 Millennial Careers: 2020 Vision, ManpowerGroup

4 Millennials at work, PWC (2011)

5 Millennials at work, PWC (2011)

6

7 United Nations Department of Economic and Social Affairs

8 Millennial Careers: 2020 Vision, ManpowerGroup

9 The Deloitte Global Millennial Survey 2019

10 The Deloitte Global Millennial Survey 2019

11

12

13 WEF Future of Jobs 2020

14 Millennial Careers: 2020 Vision, ManpowerGroup

15 State of the Global Workplace, Gallup (2017)

16 Passion is the new black by Anna Mazur (TEDx Talks, 2018)

17

18

19 Millennials at work (2011)

20

Подяки

Ця книжка з'явилася завдяки кожній людині та події, які трапились у моєму житті. Десятки рішень, що свого часу здавалися мені безглуздими й нелогічними, набули сенсу та дозволили зробити логічні висновки на її сторінках. На завершення наведу ще одну фразу Стіва Джобса: «Ви не можете поєднати точки, дивлячись уперед; ви можете поєднати їх, тільки озираючись» (You can't connect the dots looking forward; you can only connect them looking backwards). Ця книжка дозволила з'єднати й наповнити сенсом багато подій та усвідомити важливі уроки тих, хто зустрічався на моєму шляху. І зараз я хочу подякувати цим людям.

Насамперед я вдячна своїй мамі. Я не знаю, як ти витримала всі мої «Кидаю навчання» і «Знову звільняюсь», але саме завдяки твоєму дозволу робити власні помилки і проживати наслідки власних рішень я знайшла шлях до себе. Вважаю, що це найбільший подарунок, який батьки можуть зробити для своїх дітей. Дякую тобі!

Велика подяка моєму чоловікові за щоденну підтримку й віру в мене, яка часом була більшою за мою. Ти мій фундамент і опора, спираючись на яку я можу сміливо підкорювати цей світ.

Дякую моїм учителям, керівникам і колегам, які формували мій світогляд і професіоналізм. Моїй команді, яка щодня вчить мене бути кращою керівницею та радіти успіхам і зростанню інших. Нашим клієнтам і партнерам, які розділяють ідею Happy Monday і допомагають її поширювати. Усім нашим читачам, які надихають, діляться власними історіями та дають розуміння, що ми працюємо не дарма.

І, звісно, окрема подяка тим, завдяки кому ця книжка отримала свою фізичну реалізацію.

Дякую моїй співавторці Насті Пасенко. Насправді ця книжка з'явилася саме завдяки тобі і твоєму: «А давай напишемо книжку?». Без цього питання, а також чималої роботи зі структурування, редагування, складання в логічну купу всіх моїх думок та історій наших героїв ця книжка ніколи б не з'явилася. Ти мій partner in crime, і я дуже сподіваюсь, що у нас попереду ще не одна крута спільна справа. А ще дуже чекаю на твою власну книжку і впевнена, що то буде шедевр!

Дякую команді видавництва «Віхола». За всю вашу роботу з популяризації українського нонфікшну й за те, що повірили в нашу ідею, підтримували на кожному кроці й дозволили прожити етапи підготовки книжки легко й невимушено!

Дякую всім, хто потрапив на сторінки цієї книжки. Героїням і героям, які дали інтерв'ю: Вікторії Скічко, Катерині Зимі, Денису Келеберденку, Ользі Куликовій, Ользі Масловій, Наталії Панкратовій та В'ячеславу Лук'янчуку. Ви — неймовірні, і я сподіваюсь, що ваші кар'єрні історії надихатимуть інших так само, як і мене. Дякую Ірі Пастуховій, чия історія в одному з розділів стала прикладом наполегливості в пошуку себе. Дякую Ніні Левчук, яка своєю бездоганною експертністю доповнила розділ про особистий бренд. І дякую всім, кого не видно на сторінках цієї книжки, але ви там є.

І дякую кожному, хто прочитав цю книжку. Ви не уявляєте, яке це має значення для нас із Настею.

Для нотаток

Для нотаток

Популярне видання

Серія «Життя»

Анна Мазур, Настя Пасенко

КАР'ЄРА БЕЗ ДРАМ І ТРАВМ

Розвиток за *власними* правилами

Літературна редакторка *Інна Іванюсь*
Коректорка *Алла Кравченко*
Дизайнерка обкладинки *Валерія Мітюрева*
Верстальник *Михайло Федишак*
Головна редакторка *Ольга Дубчак*
Відповідальна за випуск *Ілона Замоцна*

Підписано до друку 06.09.2021 р.
Формат 84×108/32
Цифрові шрифти Raleway та Nort

Друк офсетний
Наклад 2000 прим.
Ум.-друк. арк. 13,44
Зам. № ЗК-002664

Видавець: ТОВ «Віхола»,
вул. Ломоносова, буд. 46/1, офіс 897, м. Київ, 03189.
Свідоцтво про внесення до Державного реєстру видавців
ДК № 7318 від 12.05.2021 р.
www.vikhola.com

Віддруковано АТ «Харківська книжкова фабрика “Глобус”»,
вул. Різдвяна, 11, м. Харків, 61011.
Свідоцтво ДК № 7032 від 27.12.2019 р.
www.globus-book.com